劳动预备制教材
职业培训教材

就业指导

（第三版）

人力资源和社会保障部教材办公室组织编写

中国劳动社会保障出版社

图书在版编目(CIP)数据

就业指导/人力资源和社会保障部教材办公室组织编写. —3 版. —北京：中国劳动社会保障出版社，2010

ISBN 978-7-5045-8295-9

Ⅰ.就… Ⅱ.人… Ⅲ.职业选择-基本知识 Ⅳ.C913.2

中国版本图书馆 CIP 数据核字(2010)第 060271 号

中国劳动社会保障出版社出版发行

(北京市惠新东街 1 号 邮政编码：100029)

出 版 人：张梦欣

*

三河市华骏印务包装有限公司印刷装订 新华书店经销

787 毫米×960 毫米 16 开本 7.25 印张 111 千字

2010 年 4 月第 3 版 2024 年 1 月第 29 次印刷

定价：11.00 元

营销中心电话：400-606-6496

出版社网址：http: // www.class.com.cn

再版说明

全国劳动预备制培训教材公共课（试用）自1997年问世以来已经历时13年。在这十多年中，这套教材最初在劳动预备制试点城市试用，后来推向全国，在使用过程中受到用书单位的好评，为推动劳动预备制培训和职业技能培训工作发挥了积极的作用。

十多年来，劳动预备制度有了很大发展。2007年8月全国人大常委会审议通过的《就业促进法》，明确规定国家采取措施建立劳动预备制度，以法律形式将劳动预备制度确定下来。随着劳动预备制培训工作的逐步推进，作为教育培训重要基础的教材建设也有了长足的进步。目前，由原劳动部职业技能开发司、劳动和社会保障部教材办公室组织开发的全国劳动预备制教材，已形成包括10门公共课程和近百种专业技能课程的较为完整的体系。截至2007年，完成了全部公共课教材第二版的修订出版。专业技能教材第二版的修订，目前也已完成一部分，其余正在推进之中。

《就业指导》第三版是为适应劳动预备制培训要求所作的再次修订。主要做了如下工作：一是对内容进行了全面整合，以人生理想、就业准备、求职要领为主线，调整了全书结构，重新组织和编写了各讲内容，以使教材更贴近劳动后备青年就业的实际。二是加强了对青年思想观念的引导，将求职观念、素质培养、职业要求、品行规范等内容融入求职就业的各个环节，帮助青年树立正确的职业方向，走上健康发展的道路。三是着力增强教材的时代精神，突出了劳动后备青年面对的就业环境和技能成才前景的分析，注入了新的就业政策和就业指导信息，更新了相关讲述和各讲的教学案例，以更充分体现新时期对青年就业新的要求。同时，修订中还根据培训对象的认知特点和接受能力，删减了原版中偏深、偏繁的内容，并对文字进行了全面的再加工。

参加本书上一版编写的有郑平、吕燕、辛万齐、齐文涛。此次修订由本书编写小组的专家共同完成，唐云岐统稿。参加本书上一版编写和本次修订的专家付出了辛勤的劳动，我们表示衷心的感谢。在修订过程中还得到人力资源和社会保障部有关部门的大力支持，在此一并致谢。

人力资源和社会保障部教材办公室

2010年4月

目录

起首篇
路在脚下

青春是花样的年华。在美丽的人生春天里，我们从事劳动预备制学习的青年同所有的同龄人一样，正编织着职业生活的梦想，准备着走进就业者的行列。

祖国对她的所有儿女都充满期待，对未来的技术技能人才更是牵挂在心。2009 年 12 月 21 日，胡锦涛总书记视察了广东省珠海市高级技工学校。总书记同正在进行实训的学生亲切交谈，叮嘱大家一定要珍惜机会、好好学习。面对围绕在身边的技校学生，总书记语重心长地说，没有一流的技工，就没有一流的产品。现在我国技术工人特别是高级技工非常匮乏。希望同学们刻苦学习文化科学知识，潜心钻研专业技能，努力成为高素质技能人才。总书记的勉励和期望，激励着千百万劳动后备青年更加坚定地在技能成才的道路上向前迈进。

就业，是人生的里程碑。走上理想的工作岗位，在职业生涯中创造精彩人生，是每一位准备就业的青年的共同追求。成功之路在哪里？生活告诉我们，播下种子才有希望，辛勤耕耘才有收获。路就在自己脚下。

“工人专家”李斌

在上海市杨浦区军工路，有一所上海电气李斌技师学院，这是我国首次以普通工人名字命名的高等院校。

李斌是上海电气液压气动有限公司液压泵厂数控加工中心高级技师，全国劳动模范，全国五一劳动奖章、中华技能大奖获得者，是全国机械行业知名的数控技术应用专家。

李斌走过了一条怎样的成长道路呢？

1978 年，李斌 18 岁，他怀着对未来的美好憧憬，考进上海液压泵厂技工学校，1980 年毕业，进入上海液压泵厂做了一名工人。

图 1 “工人专家”李斌

虽然是技工学校毕业生，企业还是让他和同学们从学徒干起。李斌先后干过铣工、车工、磨工等多个工种。他干一样，钻一样，精一样，很快成为企业技术骨干。

然而，当中国的制造业开始从传统的金属加工工艺向现代数控技术转变时，面对从国外引进的先进数控技术装备，李斌强烈地感到自己还是个蹒跚学步的孩子。于是，他一边工作一边进修，整整用了 6 年时间，先后完成了机械制造工艺大专和工业自动化控制本科的学习，为掌握数控技术奠定了扎实的专业功底。

李斌更注重在实践中学习和提高。1986 年和 1989 年，李斌两次被派到设在瑞士的德国海卓玛蒂克公司冯劳尔分公司，以“劳务输出”的名义接受技术培训。他不放过任何学习技术的机会，每当外国工程师调试机床时，他都默默跟在后面，目不转睛地观察着每个步骤。就这样，凭着勤奋和刻苦，他成为该公司有史以来第一位有资格调试数控机床的亚洲人。

二十多年坚持不懈的努力，使李斌实现了从一名操作型工人到知识型工人、再到专家型工人的飞跃。他集“三全”于一身：金属加工全工种技能（车、钳、铣、刨、磨），企业数控机床全机种应用，全方面工艺技术（机械、电气、编程、调试、工装、维修)。他技艺超群，苦干实干，先后完成技术攻关项目160余项，在生产国际先进产品、实施刀具国产化等方面作出了重要贡献。

李斌这位“工人专家”还荣幸地被上海师范大学聘为“兼职教授”。

点评

李斌是新一代知识型工人的杰出代表。在平凡的工人岗位上，李斌创造出了骄人的业绩。从他成长的轨迹中我们可以看到，在他成功的背后是他付出的巨大努力。没有人可以不播种就收获，没有人可以不奋斗就成功。在职业生涯之路上，努力了不一定成功，但不努力一定不会成功！不成功可以继续努力，放弃努力就永远无缘成功！

一、张开理想的翅膀

我们都知道“不积跬步，无以至千里”的道理。在羡慕别人成功的时候，也要看到他们为成功奋斗了也许是三五年，也许是十几年、几十年，甚至是一生。

(一) 有理想才会有追求

故事品鉴

近代天文学的奠基人哥白尼

哥白尼是波兰天文学家，杰出的“日心说”创立者。

图2　近代天文学奠基人哥白尼

哥白尼1473年出生于波兰维斯瓦河畔的托伦城，从小受到良好的教育。少年时期他对天文学就有着浓厚的兴趣，常常陶醉在对浩瀚星空的观察中，产生了探寻天文奥秘的理想。他对哥哥说，我要一辈子研究天时气象，让星空跟人交朋友，让他给海船拨正方向，给水手指引航程。上中学时，他在老师的指导下，制造出利用日影测定时刻的装置。1491年，他进入克拉科夫大学学习，受到数学家、天文学家布鲁泽夫斯基教授的熏陶，更加坚定了他献身天文学研究的志向。从此，他一生都孜孜不倦地进行着天体运行的研究。

哥白尼的主要功绩在于：他倾毕生精力完成了科学巨著《天体运行论》，创立了具有划时代意义的天文学理论——太阳中心说。他指出，太阳居于宇宙的中心，地球和其他行星围绕太阳运行。地球是一颗普通的行星，它一方面按一定轨道绕太阳公转，一方面也在同一方向上自转。而在此之前，在天文学上统治了一千多年的是“地球中心说”，这个学说是欧洲中世纪宗教神学的理论支柱。哥白尼的“日心说”使天文学从宗教神学的束缚下解放出来，是近代天文学发展史上的一次重大革命。虽然哥白尼的学说不可避免地受到时代的局限，但它仍然给人类的宇宙观带来空前的变革。

点评

哥白尼以他在天文学上的伟大贡献而名垂青史，几百年来受到进步人类的爱戴和敬仰。他在天文学上的成就，既来自于他渊博的学识和杰出的智慧，也来自于他对建立科学理论的执著。他遭遇无数困难和压力，但从未放弃过探索宇宙的目标，而献身天文学研究的志向早在少年时期就已经形成了。可见，理想在人生的道路上起着多么重要的作用。

人人都有理想。有的目标长远，有的目标具体；有的想法浪漫，有的想法实际；有的是为追求美好生活，有的是为奉献社会；有的是为国家昌盛，有的是为实现自我……为了各自不同的理想，人们付出或大或小、或多或少的努力。有的人注重奋斗过程，也有的人在意奋斗结果。

但是无论哪种情况，理想始终是人生奋斗的目标，是人生奋斗的动力。有理想才会有追求。职业理想是个人对未来职业的愿望和追求，即将步入社会开始职业生活的青年，从现在起，就要牢固树立符合社会需要和自身实际的职业理想，并为理想不懈奋斗，这样才能创造人生的辉煌。

（二）掌握成功的“金钥匙”

拥有一个理想的职业，充分发挥自己的聪明才智，最终成就一番事业，是每一个有进取心的人梦寐以求的事情。

当你在职业的道路上跋涉，当你一次次面对艰难险阻，你会想，成功靠什么？无数成功者的事迹告诉我们，除了实现理想的精神动力，他们依靠的是知识、技能、能力。劳动者从事职业活动应具备的知识、技能和能力，体现着一个人的职业素质，是事业发展的基础。要想在职业生涯中有所成就，就必须努力提高自己的知识、技能水平和持续发展的能力，把成功的“金钥匙”牢牢掌握在自己手中。

你不能决定生命的长度，但可以控制他的宽度；你不能改变容貌，但可以展现笑容；你不能左右他人，但可以把握自己；你不能控制明天，但可以决定今天；你不能样样顺利，但可以事事尽力。

大千世界中，每个人都会找到属于自己的成功之路，只要努力不怠，终会有长风破浪之时。正如古诗所描绘的：“千淘万漉虽辛苦，吹尽狂沙始到金”。职业成功的“金钥匙”——学习知识、掌握技能、提高能力，正在等待你通过“千淘万漉”去获得。

一位女厨师的绝技

黎长新是北京五洲大酒店的面点厨师。在北京餐饮业，她享有很高声誉，被人们称为“抻面大王”。

她能在 2 分钟内，用 1.25 公斤的面团抻出 32 768 根龙须面丝；她能够抻出细如毫发的面丝，30 根面丝能一同被穿进缝衣针的穿线孔；她可以抻出空心的、扁的、三角形的龙须面；还可以抻出加馅面——素馅面、肉馅面、海鲜馅面。她抻面的功夫，就像魔术表演。许多外国友人在观看了她的抻面表演后，都称赞她创造了中国奇迹、世界奇迹。

图 3　“抻面大王”黎长新

黎长新的业绩来自于她潜心钻研专业技术，刻苦磨炼岗位技能。她克服了常人难以想象的困难，一次又一次经历失败，一次又一次取得突破。她的抻面技术，由最初的 100 多根，逐渐增加到 8 000 多根、16 000 多根、32 000 多根，终于练成了“神功绝技”。

黎长新获得了“首都劳动技能勋章”，还获得了“全国技术能手”称号。

二、迈出坚实的步伐

积小流成江海，积跬步至千里。职业道路上的发展，离不开孜孜不倦的积累。无数事实证明，年轻人步入社会，无论从事什么职业，只有迈开坚实的步伐，扎扎实实地努力奋斗，才能一步步实现自己的目标。

杂交水稻之父袁隆平

图 4　杂交水稻之父袁隆平

中国工程院院士、著名杂交水稻专家袁隆平，1953 年毕业于西南农学院，是新中国培养的第一代科技工作者。他长期从事杂交水稻研究，1973 年在世界上首次育成“三系法”籼型杂交水稻，1975 年研制成功杂交水稻制种技术。杂交水稻的推广种植，累计增产粮食 5 000 多亿公斤，为根本上解决我国粮食自给的难题作出重大贡献。现在，已有二十多个国家引种了杂交水稻，这一科技成果不仅造福了中国人民，也造福了世界人民。1984 年，袁隆平获得了我国第一个特等发明奖，2001 年获得国家最高科学技术奖。他的成就和贡献也赢得了国际社会的广泛赞誉，先后获得联合国教科文组织的“科学奖”、美国的“世界粮食奖”等多个国际奖项，被称为“杂交水稻之父”。

袁隆平说：总结我的科学研究，可以用八个字概括，那就是知识、汗水、灵感和机遇。他还说：搞科学研究，首先要不怕失败，你要怕失败，就不要去研究。第二，不要怕吃苦，书本上是种不出小麦，种不出水稻来的。从 1964 年到 1970 年，袁隆平和他的助手先后做了 3 000 多个杂交组合试验，都没有成功。但他们没有退缩，坚持不懈继续试验，终于育成世界上第一个杂交水稻品种。

现年70多岁的袁隆平院士依然经常穿着水田靴，活动在田间地头。这位两腿沾满泥水的科学家，就像一位普通农民一样，几十年来，不论烈日当头，不管刮风下雨，不分上班下班，只要研究工作需要，就一定忙碌在田间地头。他把自己的希望、追求同汗水一起播撒在他的试验田地，收获着他的梦想，也展现着他的品质和精神。

点评

我国著名核物理学家钱三强院士说过，古今中外，凡成就事业，对人类有作为的，无一不是脚踏实地、艰苦攀登的。袁隆平正是这样一位典范。作为新中国培养的第一批大学生，他从城市走向农村，从书斋走向田野，几十年如一日地勤奋工作，用他的知识和智慧，也用他的辛勤和汗水，创造着科学奇迹，演绎着人生精彩。搞农业科技工作很艰苦，在太阳底下晒，在泥水中踩，像苦行僧一样。但袁隆平昂然走在这条艰苦攀登的路上，即使在他誉满天下的时候，仍然专注于田畴。他的成就是科学实验、探索创新的结晶，也是刻苦和勤奋的赞歌。这位“用一粒种子改变世界”的伟大科学家，不仅以他的科学发现和科技成就赢得广泛赞誉，也以他高尚的品行和朴实的风范受到世人的尊敬。袁隆平的品质和精神，值得我们青年一代好好学习。

（一）制定职业生涯规划

古人云：“凡事预则立，不预则废。”无论做什么事情，事先都需要做出设想或筹划，以求少走弯路。对于人生最主要历程的职业生活，更需要做好规划和设计。所谓职业生涯规划，就是通过对决定个人职业生涯的主、客观因素的分析，并根据社会发展的需要，制订个人职业发展的目标和计划安排。

职业生涯规划的主要环节和步骤包括：

——分析自身条件。通过分析自己的兴趣、性格、特长、学识、技能、智商等，认清自己的优势和不足，正确评价自己的职业素质，对自己有一个准确的定位。

——分析职业环境。了解和评价就业形势、行业和职业发展趋势、社会需求的变化等，充分认识外部条件对自己择业和发展的影响。

——确定发展目标。选择适合自身条件、有利自己发展的职业，确定阶段性目标和最终目标，设计出自己的职业发展路线。

——制订发展措施。包括实现阶段性目标和最终目标的时间安排，以及达到目标的行动和保障措施等。时间安排要符合实际，具体措施要切实可行。

职业生涯规划确定后，在实施过程中还要根据情况变化及时调整和补充。

有了切合实际的职业生涯规划，可以使职业理想的实现更具有计划性和可行性，对于职业道路上可能出现的机会或挫折早有准备，从而使你的行动步伐更加坚实。

职业伴随人生。职业生涯规划是实现职业理想的蓝图。让我们从制订职业生涯规划入手，开始实现自己人生理想的历程。

美国著名企业家比尔·拉福曾接受《中国青年报》记者的采访，谈到他的职业生涯规划。

比尔·拉福中学时代就立志经商。但他没有选择一些商业人士在大学毕业后立即投身商海的道路，而是在父亲的帮助下制定并实施了被后来事实证明很有远见的职业生涯规划。他给自己制定的职业生涯路径是：机械专业学习——掌握基础的工科技术，经济学学习——了解经济运行规律，政府部门工作——学习处理人际关系，大公司工作——熟悉商务环境并掌握商业技能。按照这个规划，比尔·拉福一步步向自己的职业目标迈进，取得了事业的成功，最终建立了自己的跨国公司。

（二）锤炼辛勤劳动的品质

一个人无论从事什么职业——工人、农民、教师、医生、经营管理人员、工程技术人员、科学研究人员等，其最基本的职业活动都是劳动。劳动是人类生存和发展的基础，人类通过劳动创造了社会的物质财富和精神财富，推动了社会的发展。

辛勤劳动是人在与自然斗争中形成的宝贵品质。勤劳不仅是人类生存和发展的保证，也是衡量人的道德水准的重要尺度。中华民族具有崇尚劳动的优良传统，自古把勤劳作为美德。在大力推进社会主义精神文明建设的今天，热爱劳动作为社会主义道德规范的重要内容，已成为我国公民共同的行为准则。胡锦涛同志在论述社会主义荣辱观时强调，要引导广大干部群众特别是青少年以辛勤劳动为荣、以好逸恶劳为耻，就蕴含了弘扬民族精神和时代精神的深刻内涵，既体现了中华民族的传统美德，也反映了当代文明对个人行为品质的要求。

辛勤劳动也是事业成功的根本之道。一个人无论多么富于天资，多么博学多识，他的事业的成功仍然离不开辛勤的劳动。就像一项宏伟的工程是用一斗斗混凝土和一根根钢筋累积起来的一样，人的事业的成就也是辛勤劳动日积月累的结果。伟大的物理学家爱因斯坦说过："在天才和勤奋之间，我毫不迟疑地选择勤奋，它几乎是世界上一切成就的催生婆。"俄国著名戏剧教育家斯坦尼斯拉夫斯基也说："辛勤的劳动能使苦根上结出甜果。没有顽强的细心的劳动，即使是有才华的人也会变成绣花枕头似的无用的玩物。"

然而，现今有些年轻人思想深处却潜藏着贪图安逸、厌恶劳动的意识。他们或者依赖父母坐享其成，或者懒散倦怠、萎靡度日，这与热爱劳动、崇尚劳动的传统美德和时代精神都是背道而驰的，长此以往贻害无穷。我们应该积极锤炼辛勤劳动的品质，使之成为修身、立业的法宝。

懒惰是很奇怪的东西，它使你以为那是安逸、是休息、是福气。但实际上，它所给你的是无聊、是倦怠、是消沉。它剥夺你对前途的希望，割断你和别人之间的友情，使你心胸日渐狭窄，对人生也越来越怀疑。

——（台湾）罗兰

（三）扬起自强不息的风帆

人生并非总是坦途，不可能永远一帆风顺，遇到困难、挫折甚至失败都是难免的。遭遇困难和挫折并不可怕，关键是面对逆境要有一个正确的态度。英国哲学家培根说过："幸运所需要的美德是节制，而厄运所需要的美德是坚忍，后者比前者更为难能可贵。"日本著名企业家、被称为"经营之神"的松下幸之助则说："逆境给人宝贵的磨炼机会。只有经得起环境考验的人，才能算是真正的强者。自古以来的伟人，大多是抱着不屈不挠的精神，从逆境中挣扎奋斗过来的。"可见，逆境并不总是倾覆生活的波涛，它也是锤炼强者的熔炉。而在逆境中崛起的，正是那些坚韧不拔、自强不息的人。

我们常说，每个人都有成功的资本。这种资本可能是显露出来的能力，也可能是隐藏未露的能力，前者可以称为显能，后者可以称为潜能。我们每个人都应该去发现、开发能够借以改变命运的资本，并运用它们创造成功的未来。但是我们也应记住，当遭遇困难或挫折的时候，只有强者才能真正掌握自己的命运，让生活绽放出绚丽的光彩。相反，如果你表现怯懦，那么就将如培根所说："灰心生失望，失望生动摇，动摇生失败。"

现在的就业环境与过去不同。在计划经济时代，就业靠国家分配，实现就业意味着有了终身职业保障。现在进入职场的方式是双向选择，你可能在择业之初受到挫折，也可能在进入职场后因转换职业暂时失去工作。因此，对每一个即将进入职场的人来说，都应有面对逆境的心理准备，主动提升自己适应职场的能力和素质。

现代社会竞争激烈，每个渴望有所作为的年轻人，都要敢于面对前进道路上的坎坷，经得起困难和挫折的考验。生活呼唤你扬起自强不息的风帆，驾驶自己的命运之舟远航。

她让世界感动

2004 年 9 月，在雅典残疾人奥运会的闭幕式上，中国残疾人艺术团表演的舞蹈《千手观音》让世界为之感动和震撼，赢得了世界对中国 6 000 万残疾人的赞誉。

2005 年春节晚会，当电波再次把这 21 位聋哑人表演的舞蹈展现在人们面前时，全国和世界各地的观众又一次领略了中国残疾人艺术家的风采。这个节目最终以绝对优势的票数获得了"特别大奖"。

图 5　千手观音

《千手观音》的领舞邰丽华来自湖北宜昌，2 岁时因高烧注射链霉素而失去听力。7 岁进入聋哑小学后，舞蹈成为她看得见的彩色音乐，也成为她表达内心世界的美丽语言。15 岁时她才开始接受正规的舞蹈训练，听不到音乐的她只能靠看教练的手势凭自己的感觉去跳，身上经常是青一块儿、紫一块儿的。顽强的毅力、刻苦的训练终于使她成为出色的舞蹈演员。在我国艺术家队伍中，她是唯一一位登上两大世界顶级艺术殿堂——美国纽约卡内基音乐厅和意大利斯卡拉大剧院的舞蹈演员。她始终认为，残疾只是缺陷，并不意味着不幸。正如她经常用手语表述的："我会带着一颗快乐感恩的心去面对人生的不圆满。"

2005 年，在中央电视台举办的评选上，邰丽华被评为"2005 年感动中国年度人物"。颁奖辞说："从不幸的谷底到艺术巅峰，也许你生命的本身就是一次绝美的舞蹈，于无声处，展现生命的蓬勃，在手臂间勾勒人性的高洁。一个朴素女子为我们呈现华丽的奇迹，心灵的震撼不需要语言，你在我们眼中是最美。"这是对邰丽华卓越才华和宝贵品格最好的概括。

如今，邰丽华担任着中国残疾人艺术团团长和艺术总监。她以更加顽强的精神推进着残疾人艺术事业，并向社会奉献着爱心。她和她的伙伴已到过数十个国家演出，并成功地使"千手观音"成为 2008 年北京残奥会的精彩乐章。2008 年 5 月 12 日汶川大地震后，中国残疾人艺术团向灾区捐款 260 万元，并赴国外举行了多场赈灾演出。在"《爱的奉献》抗震救灾大型募捐活动"上，邰丽华这样表达她内心的情感："爱是我们共同的语言。只要你心中有爱，只要你心地善良，你会伸出一千只手去帮助别人，也会有一千只手来帮助你。"

邰丽华感动了中国和世界，也带给人们深深的感悟。

点评

从生理上看，邰丽华遭遇了残疾和不幸。但从心理上看，她是健全的，面对不幸，她以乐观、向上、自立、自强的坚定信念笑对人生，并以她的毅力和才华创造出令世人惊叹的艺术成就。邰丽华是成功的，她实现了自身价值，对社会作出了贡献。

邰丽华和她的伙伴用如梦如诗的舞蹈，表达了对爱与美的追求。他们以优美的舞姿告诉世人——生命如此蓬勃，人性如此高洁，只要脚踏实地，自强不息，为美好的理想而全力奋斗，就能够取得成功。他们的信念和精神，激励着我们每一个人。

1. 本篇讲述了几位成功人物的故事。这些人中哪一位的事迹使你感受最深？分析一下他们的成长过程对我们有哪些启示？

2. 你有怎样的职业理想？你认为实现自己的理想目标决定性的因素是什么？

3. 组织一次以“成才之路”为主题的班会，每个人准备一个发言提纲，围绕学习胡锦涛总书记在视察珠海市高级技工学校时与同学们的谈话，交流一下个人的心得体会。重点讨论以下问题：

（1）总书记为什么特别叮嘱同学们要珍惜机会，好好学习？对于总书记的嘱咐，你有哪些感想？

（2）“没有一流的技工，就没有一流的产品。”结合总书记强调的这句话，深入思考一下掌握专业技能的重要性。

（3）想一想，应该怎样努力才能成为高素质技能人才，如何在职业生涯中创造出自己的精彩人生？

上篇
了解就业政策

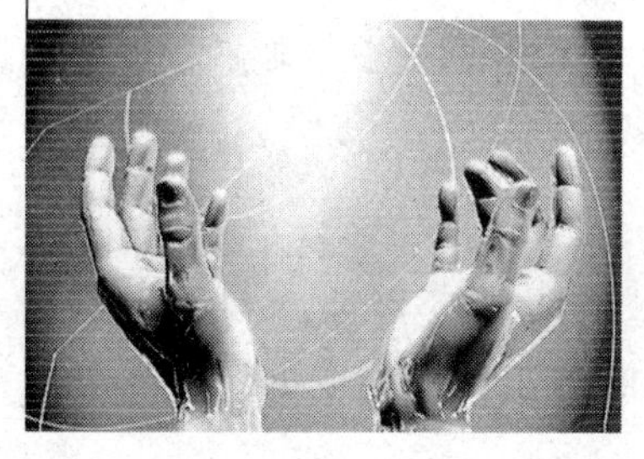

当你走出校门或培训机构，告别莘莘学子的角色，即将迈入社会生活时，所面临的第一个重要问题就是就业。能否顺利实现就业，职业的选择是否符合社会需要和个人意愿，将对你的人生产生重要的影响。因此，你需要对现阶段国家的就业形势、就业政策以及职业生活中的劳动权益维护问题，有一个基本的认识和了解。

第一讲　认识就业形势

就业是民生之本、安国之策。我国有13亿多人口，劳动年龄人口超过9亿，是世界上人口和劳动力最多的国家，就业问题比任何一个国家都复杂，就业任务比任何一个国家都繁重。我国政府历来把扩大就业放在经济社会发展的突出位置。

两类知识群体的就业反差

近一两年，有一个叫做“蚁族”的新字眼越来越多地出现在媒体上。所谓“蚁族”是指大学毕业生低收入聚居群体。这个群体之所以被称为“蚁族”，是因为研究者从他们身上概括出类似蚂蚁的特点：高智、弱小、聚居。他们具有较高的智商和知识水平，却又是弱小的困难群体，聚居在城市边缘。据有关调查，北京、上海、广州、武汉、西安等大城市的城乡结合部，都存在为数不少的“蚁族”，估计全国数量在百万人以上。

“蚁族”现象从一个侧面反映了当前大学生就业状况。自2003年以来，我国大学生人数逐年增加，现在每年应届毕业生已超过600万人，而就业率却呈现下降趋势，相当一部分人当年不能签约找到工作。

与此同时，许多用人单位生产和服务一线的技能人才严重不足，特别是中高级技术工人匮乏。这种情况使近年来技工学校和职业学校毕业生的就业率持续保持高位，平均达到95%以上，北京、上海、广州等城市更高，大大强于高校毕业生。有些热门的专业工种，学生还未毕业，已被用人单位“订购”一空。研究显示，今后一个时期，我国人力资源市场对技能人才仍有旺盛的需求，尤其对高技能人才的需求更加强劲。以北京为例，截至2009年底，全市技能人才总计213.2万人，其中高级工以上高技能人才50.1万人。预计到2020年，技能人才总需求量将达到400万人以上，其中高级技能人才120万左右，分别比目前实际规模扩大1倍至1.5倍。这表明，今后我国中高职毕业生仍将面临较好的就业市场环境，就业情况有望继续保持良好势头。

点评

普通高校和中高职毕业生不同的就业境遇，反映了我国就业领域的一种结构性矛盾，即一部分人寻找工作困难，一部分岗位却人才紧缺。大学生本来是接受教育最多、就业最强势的群体，但由于就业能力与需求脱节等原因，导致在就业市场陷入困境；而技校、职校毕业生由于是生产和服务一线适用的技能人才，因而受到用人单位普遍青睐。这种情况告诉我们，了解就业形势，既要看到总体的局势，也要注意不同类别人员面对的具体市场环境。

一、充分认识就业的重要意义

就业是国民经济和社会发展的核心问题之一。它既是社会经济增长、和谐进步的重要前提，也是劳动者个人生存和发展的基本条件。具体来说，就业的意义有以下几个方面。

（一）就业密切关系着国家的经济发展

就业是经济发展的重要条件。劳动力同资本、土地等一样都是不可或缺的生产要素。就业是劳动力与生产资料相互结合的过程。没有劳动力与生产资料的结合，也就没有社会生产。从国家发展的实际进程中我们可以看到，就业状况极大地影响着社会经济的运行。改革开放以前，我国实行计划经济体制，劳动者的生产积极性受到束缚，劳动力资源严重浪费，造成实际上就业很不充分的状况，这是我国长期经济发展缓慢的一个重要原因。同时我们也要看到，经济发展是决定就业状况的根本性因素。一般说来，经济越发展，为劳动者提供的就业岗位就越多。只有持续、健康发展的经济，才能保证就业的稳步增长，实现经济发展与就业的良性互动。

（二）就业密切关系着人民群众的切身利益

就业是人们的谋生手段，是劳动者获得物质生活资料的重要途径。就业不仅为劳动者及其家庭维持生计提供基本的保障，而且是劳动者子女成长、教育、劳动准备的基本经济来源，可见就业对于劳动者及其家庭的极端重要性。对于就业这一密切关系亿万群众切身利益的大事，我国党和政府历来高度重视和关切，制定和实施了一系列政策措施，千方百计解决好群众的就业问题。党的十六大指出“就业是民生之本”，进一步阐明了就业作为劳动群众生存发展基础的重要地位。

（三）就业密切关系着社会的和谐稳定

就业作为人们谋生的基本手段，是劳动者的生活根基。不能就业就意味着失去生活保障。如果社会上大量有劳动能力的人长期不能就业，必然影响社会的和谐稳定。与此紧密关联的是，就业还直接影响着劳动者劳动权利的实现。而劳动权是公民最基本的权利，劳动权利不能实现，会使一些劳动者产生严重的心理失衡，滋长悲观和不满情绪。同时，就业还是影响收入实现的重要因素。无论城市还是农村，收入差距过分悬殊、贫困家庭不能尽快脱困，都会激化社会矛盾。因此，解决好就业问题是社会稳定的减震器。它事关全面建设小康社会目标的实现，事关国家的长治久安。党的十七大把实施扩大就业的发展战略、坚持积极的就业政策，作为推进和谐社会建设的重要内容，更突出了就业对于社会和谐的意义。

（四）就业构建了实现人生价值的平台

就业是人生最宝贵的时期。人生的价值主要通过职业活动来实现。一个青年学生从成为社会劳动者开始，就踏上了实现个人价值的旅程。就业对于人的一生的发展，具有根本性的意义。

每个人都有自己的特点、专长和才能。发挥和施展自己的才能是每个人的心理需求。人通过接受一定的教育所获得的专业技能，只有通过实际工作才能得到体现。通过社会实践充分展现自己，取得工作成绩，创造社会财富，得到社会的承认，实现自己的人生价值，这是每个人的愿望。而每个走进社会的劳动者只有获得从事职业活动的就业岗位，才能拥有发挥聪明才智、服务社会的条件。在从事职业活动的过程中，个人的知识和才能也会得到进一步充实和提高，从而更好地实现自己的人生价值。如果脱离了职业活动，知识和才能的施展失去了依托，实现人生价值也就成了一句空话。

（五）就业提供了个人融入社会的途径

在社会化生产的条件下，随着社会分工的发展，任何一种职业都不能孤立存在。各种职业之间都存在着千丝万缕的联系，从而形成了相互依赖的社会网络。每个就业者虽然都在自己岗位上工作，但必然要与周围发生广泛的联系，进行各种交流和协作，从而使自己融入社会。生产劳动的这种分工与协作是社会发展的需要，也是劳动者自身发展的需要。而就业正是劳动者参与社会经济活动和融入社会的主要途径。因此，人们也把就业比喻为融入社会的桥梁。

二、我国现阶段的就业形势

我国是一个人口大国，劳动力众多，就业压力一直很大。长期以来，党和政府采取了一系列发展经济、扩大就业的措施，在解决就业问题方面取得了重大进展。目前，全国就业人员近 8 亿人，是世界上创造就业岗位最多的国家。全国城镇登记失业率近年来大抵控制在 4.0% 左右，就业局势基本稳定。

尽管如此，我国的就业压力并未根本缓解，今后较长时期内我国就业领域仍将面临十分突出的矛盾。

一是劳动力供大于求的矛盾将长期存在。据有关机构研究报告，当前和今后一段时间内，我国城镇每年需要安排就业的劳动力达 2 200 万 ~2 400 万人。而按照经济增长保持 8% ~9% 的速度计算，每年可新增 900 万 ~1 000 万个就业岗位，加上补充自然减员，可安排 1 000 万 ~1 100 万人就业，供求缺口在 1 000 万人以上。同时，农村还有潜在的 1.2 亿富余劳动力，每年转移的劳动力约 900 万人，也进一步加大了供给的数量。

二是劳动力素质与就业需求不相适应。这是我国就业领域又一个将较长时间面对的基本矛盾。当前我国的劳动力中，高中以上文化程度的仅占 25% 左右，其中大专以上的还不足10%。尤其掣肘就业的，是由于职业教育和培训滞后造成的劳动力技能素质偏低。目前，发达国家的技术工人构成，高级工占35%以上，中级工占50%，初级工占15%。而我国高级技工仅占4%，中级工为36%，初级工为60%。在农村劳动力中，受过专门职业技术培训的不足20%。近年来不少企业的发展被技能人才不足特别是严重缺乏高级技能人才所困扰，越是在经济发展水平较高的地区，技能人才供不应求的矛盾越突出。一方面社会上有数量众多的劳动力不能就业，一方面不少企业甚至行业技能劳动者短缺，形成矛盾交织、问题并存的局面。

三是就业领域一些新的矛盾凸显出来。一是青年就业问题逐步上升为矛盾焦点。尤其是大学生需要就业的人数持续增加，而由于学校专业设置与就业需求脱节，学生择业观念与社会就业现实脱节等原因，大学生就业遭遇重重障碍。二是农村富余劳动力转移就业问题更趋复杂。目前进城务工的农村劳动力已达1.4亿人，而农村仍有大量富余劳动力需要转移。新一代农民工已由过去更多在城乡间流动转为更多地融入城市，社会保障和平等发展等方面的诉求突出出来。这方面的矛盾成为我国城镇化进程中必须妥善解决的新的课题。

总之，当前和今后一个时期，我国就业形势是相当严峻的，解决好就业问题是一个长期的、艰巨的、复杂的任务。

1. 学习了本讲，你对就业的意义有哪些理解？

2. 结合本讲内容想一想，国家的就业形势同我们个人就业有哪些关联。

3. 了解一下本校历届学生的就业情况，然后一起讨论一下，今后本校毕业生将面对怎样的就业形势。

第二讲　走近就业政策

对于就业政策，由于还没有直接进入你的实际生活，你或许会感到有些陌生。但当你开始选择职业和迈进职业生涯时，它会经常伴随着你。现在，让我们走近就业政策，近距离地审视一下它的主要方面，体味一下它与我们的关系。

资讯解读

2009 年 10 月，《中国劳动保障报》刊登了一则关于就业服务的消息，说的是山东省聊城市对家庭特别贫困的技工学校毕业生实施就业跟踪服务，使这部分学生百分之百实现了就业。

从 2005 年起，聊城市对家庭特别贫困的技校学生实行了资金帮扶。5 年来，有 4 100 多名学生享受到资金援助，顺利完成了学业。对他们的就业，政府继续予以关怀和帮助，责成各学校负责收集这些毕业生的就业信息，政府就业主管部门根据信息逐人走访核实，全面掌握情况，分门别类提供就业援助。凡未实现就业的，一律由原学校负责重新进行安置；对因专业原因导致就业困难的，由学校按照短期培训标准为其量身打造一项专业技能，以提升就业能力，确保实现就业。

点评

在众多关于就业服务的信息和报道中，这是一条小消息，反映的是一个地方、一个局部的情况。从新闻的角度说，是一条短新闻，通篇不过 400 多字。但是，见微而知著，从中我们看到的是就业服务工作的细化和拓展，也可以感受到就业服务的政策措施原来距离我们这些劳动后备青年也是很近的。

一、我国积极的就业政策

就业政策与国家经济社会发展目标及就业形势密不可分。随着经济体制改革的深入、社会建设的推进和就业工作的发展，我国积极的就业政策逐步形成并不断完善。2003 年 10 月《中共中央关于完善社会主义市场经济体制若干问题的决定》提出，把扩大就业放在经济社会发展更加突出的位置，实施积极的就业政策，并提出努力改善创业和就业环境，坚持劳动者自主择业、市场调节就业和政府促进就业的方针等要求。2007 年 8 月全国人大常委会审议通过的《就业促进法》，以法律形式把实施积极的就业政策确立下来。

积极的就业政策，是指政府通过发展经济、调整经济结构、协调城乡经济发展和深化经济体制改革等，努力开发就业岗位，并通过加强政策支持、完善市场机制、强化服务等，千方百计促进就业，实现发展经济与扩大就业的良性互动。它主要包括以下内容：

（一）在经济发展和经济结构调整中开发就业岗位

国家把扩大就业作为经济和社会发展的重要目标，实行有利于促进就业的产业政策，鼓励发展劳动密集型产业和服务业，大力开发就业岗位；重视调整所有制结构和企业结构，鼓励发展私营、个体、外商投资等非公有制经济，扶持中小企业，拓宽就业渠道，增加就业机会；鼓励劳动者通过多种灵活形式实现就业。

（二）实行有利于促进就业的财政、税收、金融政策

国家加大就业的资金投入，各级财政在预算中安排专项资金用于改善就业环境，扩大就业；对符合国家规定条件吸纳失业人员、安置残疾人的企业，对失业人员创办中小企业和从事个体经营符合国家规定条件的，给予税收优惠；增加中小企业的融资渠道，加大对中小企业的信贷支持，对自主创业人员在一定期限内给予小额信贷等扶持。

（三）实行城乡统筹、区域统筹、群体统筹等就业政策

即建立健全城乡劳动者平等就业的制度，引导农村富余劳动力有序转移就业；支

持区域经济发展，鼓励区域协作，统筹协调不同地区就业的均衡增长；统筹做好城镇新增劳动力就业、农村富余劳动力转移就业和失业人员就业工作，解决好重点群体的就业问题，保持就业局势稳定。

（四）大力发展职业教育和职业培训

国家依法发展职业教育，鼓励开展职业培训，制定并实施职业能力开发计划；鼓励、支持各类教育培训机构开展培训和引导劳动者参加培训，促进劳动者提高职业技能，增强就业能力和创业能力；企业等用人单位也须按照国家规定，对员工进行职业技能培训和继续教育培训。

积极的就业政策还包括完善就业服务和管理，健全公共就业服务体系，实行有利于就业的社会保险政策，加强对失业人员的生活保障和就业帮助等内容。

积极的就业政策是我国就业的总政策。按照这一政策的精神，我国已逐步构建起较为系统的促进就业的政策体系。

二、现阶段的就业方针

我国当前实行“劳动者自主择业、市场调节就业和政府促进就业”的方针。这一方针在20世纪90年代末形成并实施，在2007年8月颁布的《促进就业法》中又加以明确。

（一）劳动者自主择业，是指劳动者进入人力资源市场，根据自己的意愿和能力，自主选择就业的行业、单位或工种。

在人力资源市场上，劳动者是就业的主体，自主择业权是劳动者依法享有的重要权利。实施“劳动者自主择业”，是市场经济的客观要求，也是对劳动者自主择业权的尊重和保障。过去我国实行计划经济体制，采取政府统包统配的就业办法，劳动者不能自主选择职业，国家具体安排就业的负担越来越重，不仅妨碍就业问题的解决，也严重影响了社会经济发展。改革开放以来，随着社会主义市场经济体制的建立，劳动者自主择业逐步得以实施。

（二）市场调节就业，是指充分发挥人力资源市场在促进就业中的基础性作用，引导劳动力合理流动和就业，实现用人单位和劳动者双向选择。

在市场经济条件下，劳动力同其他生产要素一样，只有通过市场交换才能融入社会生产过程。对于劳动者来说，需要通过市场选择适合自己的工作单位；对于用人单位来说，作为“用工主体”，也需要通过市场选择适合自己的人员。在这种相互选择中，市场机制成为配置劳动力资源的基本调节手段。充分发挥市场机制的调节作用，有利于劳动力的优化配置，促进劳动力资源的开发利用。

目前我国的人力资源市场正日趋规范和走向完善。在建立市场就业机制的过程中，过去曾分别形成了劳动力市场、人才市场、毕业生就业市场等。《就业促进法》把这些针对不同对象的各类市场概括为“人力资源市场”，并就人力资源市场建设作出了相应规定。这一概括和有关规定为打破市场分割和完善市场机制指明了方向，也为在社会范围优化人力资源的配置提供了条件。

（三）政府促进就业，是指政府充分履行自身的职责，实施积极的就业政策，提供有效的就业服务，大力改善就业环境，帮助劳动者创造就业条件，多渠道扩大就业。

促进就业、治理失业是政府的重要责任，这是国际社会的共识。各国政府几乎都把促进就业、减少失业作为执政的重要目标。在我国，政府促进就业不仅作为政府职责在法律上加以明确，而且作为改善民生和建设和谐社会的重要着力点，摆到维护广大人民群众根本利益的位置，受到更高度的重视。

根据《促进就业法》的规定，我国政府在促进就业中的职责主要包括：把扩大就业纳入国民经济和社会发展规划，并制定促进就业的中长期规划和年度计划，建立就业工作目标责任制；制定实施有利于促进就业的经济和社会政策，多渠道扩大就业、增加就业岗位；建立健全公共就业服务体系，加强就业服务与管理；大力开展职业培训，促进劳动者提高职业技能，增强就业能力和创业能力；建立健全失业保险制度，依法保障失业人员的基本生活，并促进其实现再就业。

三、就业服务与管理

就业服务与管理是促进就业的重要环节，也是积极的就业政策的重要方面，主要包括以下内容：

（一）人力资源市场建设

人力资源市场建设是加强就业服务与管理的基础。围绕培育和完善统一开放、竞争有序的人力资源市场的目标要求，要建立统一的市场管理规划，规范市场运行秩序，推进人力资源市场的制度、法制建设；要对历史上形成的不同类别的市场进行整合，打破彼此分割，实现相互贯通，使劳动力在全社会范围内得以顺利流动；要加强人力资源市场信息网络及相关设施建设，建立健全市场信息服务体系，为就业服务与管理提供有力的技术保障。

（二）公共就业服务

公共就业服务机构是政府设立的就业服务专门机构，是非营利的公益性单位。它根据政府确定的就业工作目标，制定就业服务计划，推动落实就业扶持政策，组织实施就业服务项目，为劳动者和用人单位提供就业服务。其服务项目包括：就业政策法规咨询；职业供求信息、市场工资指导价位信息和职业培训信息的发布；职业指导和职业介绍；实施就业援助，办理就业、失业登记等。

公共就业服务是政府帮助劳动者实现就业的重要手段，也是法律明确规定的政府促进就业的一项重要职责。

（三）就业援助

就业援助是指政府建立的以就业困难人员为主要对象，采取特殊政策和援助措施，帮助他们尽快实现就业的一项制度。

就业困难人员是指因身体状况、技能水平、家庭因素、失去土地等原因导致就业困难，以及连续失业一定时间未能就业的人员。帮扶就业困难人员就业的政策、措施主要包括：采取税费减免、贷款贴息、社会保险补贴、岗位补贴等办法，对困难人员就业给予扶持；政府投资开发公益性岗位，优化安排符合岗位要求的就业困难人员；加强就业援助服务工作，对就业困难人员实施重点帮助等。

（四）职业中介服务

职业中介机构是由法人、其他组织或公民个人举办，为用人单位招用人员和劳动者求职提供中介服务的经营性组织。职业中介机构须依法办理行政许可和进行工商登记后才可以设立，并须遵循合法、诚实信用、公平、公开的原则从事活动。

（五）就业失业管理

加强就业失业管理，主要是建立就业与失业登记制度，掌握社会就业的基本情况和失业人员的信息。失业人员办理登记后享受公共就业服务、就业扶持政策，符合条件的可申领失业保险金。

1. 以学习小组为单位，大家讨论一下对积极的就业政策和现行的就业方针怎样理解。

2. 几个同学结伴到当地公共就业服务机构或人力资源市场去考察一下，看看有哪些就业服务项目，这些项目同你将来就业有哪些联系。

第三讲　维护劳动权益

目前，我国的就业制度正走上法制轨道，劳动者的权益维护越来越受到重视。但是，在一些用人单位，侵犯劳动者合法权益的问题仍时有发生，有的甚至相当严重。因此，就业者在走上工作岗位之前就应了解维护自身劳动权益的有关知识，提高自我保护的意识。

清除就业歧视的又一举措

2010 年 2 月初，人力资源和社会保障部、教育部、卫生部发出通知，要求各地取消入学、就业体检中乙肝五项检查，禁止将携带乙肝表面抗原作为限制入学、就业的条件。

对于准备就业的乙肝表面抗原携带者来说，这是 2010 年岁首听到的一个重大利好消息，但也并未消除他们心中的隐忧。

在有关媒体此前举行的调查中，有近九成的人表示赞成取消入学、就业乙肝检查，表示应该让乙肝表面抗原携带者享受平等的权利，而同时担忧能否真正落实的声音也有不少。

有的意见认为："政策解禁"，仅仅是通过了法律"门槛"，而要迈过社会"心坎"，还需要更多的努力。也有的意见说："就怕上有政策，下有对策，隐性歧视更厉害。"

但无论如何，这一政策的出台必将作为中国消除就业歧视的重要举措而载入历史。

出台禁止将携带乙肝表面抗原作为限制就业条件的规定，无疑为防止就业中的乙肝歧视设置了屏障，加强了制度保证。但人们的担忧不是没有道理。我国法律明确规定，公民享有平等就业的权利，然而涉及户籍、性别、年龄、学历、地域等的歧视现象却随处可见。一些单位把与工作性质无关的要求列入用人条件，堂而皇之地出现在招聘广告上，如营销人员的男、女身高须分别达到 1.70 米和 1.60 米，还振振有词地说是为了维护公司的外在形象。这种把就业歧视合理化的说辞是对公民平等就业权利的亵渎。实现平等就业是维护合法劳动权益的前提，对于就业歧视不可等闲视之。

一、劳动者的基本权利

我国的宪法和劳动法规定了劳动者的基本权利和义务。劳动者的基本权利主要包括：

（一）享有平等就业和选择职业的权利

就业权是国家法律赋予公民的一项基本权利，包括平等就业和自主择业的权利。劳动者就业，不因民族、种族、性别、宗教信仰不同而受歧视。所有各民族的劳动者、所有不同性别的劳动者、所有不同宗教信仰的劳动者，都享有平等就业的权利。

劳动者享有自主择业权是劳动者人格独立和意志自由的法律体现。劳动者不仅可以根据自己的意愿和条件选择就业的行业、单位、工种，而且可以在地区之间、城乡之间自由流动，不受行政限制。

（二）取得劳动报酬的权利

劳动报酬是指用人单位根据劳动者的数量和质量支付给劳动者的工资。国家实行最低工资保障制度，用人单位支付的工资不得低于当地最低工资标准。国家规定，工资应当以货币形式按月支付给劳动者本人，不得克扣或者无故拖欠劳动者的工资。用人单位延长工作时间必须按规定标准支付高于劳动者正常工作时间的工作报酬。

（三）获得劳动安全卫生保护的权利

为了保障劳动者在生产劳动过程中的安全和健康，我国法律对劳动者享有的劳动安全卫生基本权利作出了明确规定。劳动者有权了解从事作业的场所和工作岗位存在哪些危险，可能发生哪些事故和伤害，如何防范和施救；劳动者有权接受安全生产教育和培训，提高安全生产技能和预防事故的能力；劳动者有权获得保障自身安全与健康的劳动条件和防护用品；劳动者有权对本单位安全生产管理工作提出建议，对存在的问题提出批评、检举和控告；当用人单位提供危害劳动者安全与健康的劳动条件，或违章指挥、强令冒险作业时，劳动者有权拒绝。

（四）享受社会保险和福利的权利

社会保险是国家通过立法建立的，对劳动者因年老、疾病、工伤、失业等丧失劳动能力或失去生活来源时，给予物质帮助的一项制度。我国的社会保险包括养老保险、医疗保险、工伤保险、失业保险和生育保险。参加社会保险和享受社会保险待遇是劳动者的一项权利，同时也有依法缴纳社会保险费的义务。劳动者要按规定缴纳基本养老保险费、医疗保险费和失业保险费。

《中华人民共和国劳动法》

这是我国第一部综合性劳动法律。1994 年 7 月 5 日第八届全国人大常委会第八次会议通过，1995 年 1 月 1 日起施行。它确立了我国社会主义市场经济条件下调整劳动关系的基本原则，为保护劳动者和用人单位的合法权益提供了法律依据。它的内容涵盖了劳动和社会保障的主要领域，包括促进就业、劳动合同和集体合同、工作时间和休息休假、工资、劳动安全卫生、女职工和未成年工特殊保护、职业培训、社会保险和福利、劳动争议处理等内容。

劳动和社会保障法律制度除包括劳动法外，还包括一系列法律、法规和规章。已经颁布和施行的重要劳动法律有《就业促进法》《劳动合同法》《安全生产法》《劳动争议调解仲裁法》等，《社会保障法》正在论证审议过程中。

二、签订劳动合同

劳动合同是劳动者与用人单位签订的协议，它用来约定劳动者与用人单位双方的权利和义务，是双方建立劳动关系的重要书面凭证。

劳动合同是维护劳动者和用人单位双方合法权益的依据，对于保护劳动者的权益尤为重要。求职者一旦被用人单位录用，首先就要与用人单位签订劳动合同。没有劳动合同，劳动者的合法权益就无法得到保障。

（一）劳动合同的主要内容

根据《劳动合同法》规定，劳动合同的必备条款包括：

1. 用人单位的名称、住所和法定代表人或者主要负责人。

2. 劳动者的姓名、住址和居民身份证或者其他有效身份证件号码。

3. 劳动合同的期限。即劳动合同的有效时间，分为三种：有固定期限、无固定期限和以完成一定工作为期限。

4. 工作内容和工作地点。工作内容包括劳动者在劳动合同有效期限内从事劳动的工种、岗位和应当完成的工作任务等。工作地点是指劳动者工作的具体地理位置。

5. 工作时间和休息休假。劳动合同须在国家法律规定的标准下，对劳动者的工作时间、休息时间和休假作出约定。目前我国实行的标准工时制度为每日工作 8 小时，每周工作 40 小时。经过批准，用人单位也可以实行不定时工作制和综合计算工时工作制。用人单位应当保证劳动者每周至少休息一日。

6. 劳动报酬。即在劳动者提供了正常劳动的情况下，用人单位应当支付的工资，以及工资的支付方式等。

7. 社会保险。包括养老保险、失业保险、医疗保险、工伤保险、生育保险。将社会保险作为劳动合同的必备条款，目的在于进一步明确双方的权利义务。

8. 劳动保护、劳动条件和职业危害防护。指为保护劳动者在生产劳动过程中的安全与健康所必需的劳动防护措施、劳动环境和条件、职业危害预防和卫生保护等。

9．法律、法规规定应当纳入劳动合同的其他事项。

劳动合同除上述必备条款外，还可以约定试用期、培训、保守商业秘密、补充保险和福利待遇等其他事项。

（二）劳动合同的订立、终止和解除

1．劳动合同的订立

在订立劳动合同前，应聘者要详细了解与劳动合同相关的情况，这是维护自身权益的重要环节。《劳动合同法》明确规定，用人单位应当如实告知劳动者工作内容、工作条件、工作地点、职业危害、安全生产状况、劳动报酬等情况。当然，劳动者也有如实告知自身情况的义务。

订立劳动合同，应当遵循合法、公平、平等自愿、协商一致、诚实守信的原则。违反法律、法规的劳动合同；违反平等自愿的原则，采用欺诈、胁迫的手段或乘人之危，使对方在违背真实意思的情况下订立的劳动合同；用人单位免除自己的法定责任、排除劳动者权利的劳动合同，都是无效的。

劳动合同可以约定试用期，但试用期不得超过6个月。

2．劳动合同的终止和解除

劳动合同终止的情形有两种：一是劳动合同期限届满；二是劳动者依法享受基本养老保险待遇或死亡，用人单位依法宣告破产或关闭等。

解除劳动合同，是指在劳动合同终止之前，劳动合同一方或双方当事人使劳动合同效力停止，不再履行劳动合同的行为。

根据《劳动法》《劳动合同法》规定，劳动者和用人单位协商一致可以解除劳动合同，也可以在符合法律规定的情况下单方解除劳动合同。

为了保障劳动者择业自由和劳动力合理流动，法律允许劳动者单方解除劳动合同。应当注意的是，劳动者解除劳动合同，须提前30日以书面形式通知用人单位。同时法律规定，如果出现用人单位的行为危及劳动者的人身安全或限制人身自由的，劳动者可以立即解除劳动合同。

用人单位解除劳动合同，必须符合法律规定的情况。一是由于劳动者方面的原因，如在试用期间被证明不符合录用条件的；严重违反用人单位规章制度的；严重失

职，营私舞弊，给用人单位造成重大损害的；同时与其他用人单位建立劳动关系，对完成本单位工作任务造成严重影响的，等等。二是用人单位方面的原因，如依照企业破产法规定进行重整或生产经营发生严重困难等，企业可依法进行裁员的。如果用人单位违法解除劳动合同，须承担相应的法律责任。

劳动合同期限和试用期

劳动合同期限	试　用　期
以完成一定工作任务为期限	不得约定试用期
劳动合同期限不满三个月	
三个月以上不满一年	不得超过一个月
一年以上不满三年	不得超过二个月
三年以上固定期限	不得超过六个月
无固定期限劳动合同	

三、掌握工资计算常用方法

工资是劳动者收入的主要来源，直接关系着劳动者及其家庭的基本生活。工资薪酬的计算是否正确，是劳动者最为关心的一个问题。因此，我们在学习维护劳动权益的知识时，应该注意学习和掌握关于工资计算的一些常用方法。下面就工作岗位上最常遇到的几个工资计算问题做一下简单介绍。

（一）制度工作时间和日工资、小时工资的计算

1. 制度工作时间的计算

根据国务院修订发布的《全国年节及纪念日放假办法》和《关于职工工作时间的决定》，我国现在的法定节假日共 11 天，包括：元旦 1 天，春节 3 天，清明节 1 天，劳动节 1 天，端午节 1 天，中秋节 1 天，国庆节 3 天。现行的工时制度为每日不超过 8 小时、每周不超过 40 小时，即以每日工作 8 小时、每周工作 40 小时为标准

工作时间。据此，

年工作日 =365 天 - 104 天（休息日） - 11 天（法定节假日） =250 天

月工作日 =250 天 ÷12 月≈20.83 天/月

月工作小时数 =20.83 天 ×8 小时 =166.64 小时/月

2. 日工资、小时工资的计算

月计薪天数 =（365 天 - 104 天） ÷12 月 =21.75 天

这里应注意，按照劳动法规定，法定节假日用人单位应当依法支付工资，因此计算月计薪天数不剔除法定节假日。

日工资 =月工资数额 ÷月计薪天数（21.75 天）

小时工资 =月工资数额 ÷（月计薪天数 ×8 小时） =月工资数额 ÷174 小时

（二）计时工资的计算

计时工资是按照职工的技术熟练程度、劳动繁重程度和工作时间长短来计算和支付工资的一种分配形式。实行计时工资，劳动者的工资薪酬取决于本人的工资标准和实际劳动时间两个因素。

计时工资分为三种具体形式：一是小时工资制，按照小时工资标准和实际工作小时数计算工资。二是日工资制，按照日工资标准和实际工作日数来计算工资。三是月工资制，按照劳动者的等级工资标准和实际出勤情况来计发工资。如果出满勤，则按月工资标准支付工资；缺勤则按实际缺勤天数或小时数减发工资。

具体计算方法如下：

1. 实行月工资制实得工资的计算

当月实得工资 =月工资标准 - 缺勤天数 ×日工资数 - 病假天数 ×日工资数 ×相应的扣发比例

这里应注意，病假工资扣除后的工资支付，可以低于当地最低工资标准，但不能低于最低工资标准的 80%。

2. 实行日工资制实得工资的计算

实得日工资 =实际工作天数 ×日工资标准

日工资标准可以由月工资和月计薪天数计算得来，也可以是签订劳动合同时双方商定的。

3．实行小时工资制实得工资的计算

实得小时工资 = 实际工作小时数 × 小时工资标准

（三）计件工资的计算

计件工资是按照生产的合格产品的数量（或作业量）和计件单价来计算薪酬的一种工资形式。计件工资有无限计件、有限计件、累进计件、超额计件等几种具体形式，计算方法也有区别。

1．无限计件

无限计件指不论完成定额多少，均直接按统一的计件单价计算工资。

实得计件工资 = 实际完成的合格产品数量 × 计件单价

例：某工人在一个月内共装配合格部件 600 件，每件计件单价 2.2 元，则

实得工资 = 600 × 2.2 = 1 320（元）

2．有限计件

有限计件规定超额工资不得超过本人工资标准的一定比例或不得超过一定金额。

最高计件工资额 = 定额产量 × 计件超额最高限额百分比 × 计件单价

例：某厂规定包装工定额产量 8 000 件/月，计件超额最高限额为 125%，计价单价为 0.15 元，则

最高计件工资额 = 8 000 × 125% × 0.15 = 1 500（元）

3．累进计件

累进计件指在完成合格产品的条件下，定额以内部分按正常单价计算工资，超额部分按累进的计件单价计算工资。

实得计件工资 =（定额内部分 × 一般计件单价）+ Σ（超额部分 × 累进计价单价）

例：某厂规定完成定额产量 500 件以内，计件单价为 2 元，超额完成 1% ~20% 部分，累进计件单价 2.5 元，超额完成 20% 以上部分，累进计件单价 3.2 元。工人当月实际完成产量 750 件，则

实得计件工资 = 500 × 2 + 100 × 2.5 + 150 × 3.2 = 1 730（元）

4．超额计件

超额计件规定完成劳动定额发给月计时标准工资，超过定额部分，按规定的计件单价发给计件超额工资。

实行超额计件，也同时规定对未完成定额者适当减发月标准工资。

例：某工人月标准工资 850 元，实行超额计件工资，规定的定额产量为 600 件，计件单价为 3 元，实际完成 750 件，则

实得工资 = 850 + 3 × 150 = 1 300（元）

（四）加班工资的计算

人们习惯上所说的加班加点，法律规定上称为延长工作时间。劳动法规定，用人单位不得违法随意延长工作时间，因工作需要依法延长工作时间的，必须支付高于劳动者正常工作时间的工资薪酬。

1．正常工作日延长工作时间的，支付不低于工资 150% 的工资薪酬。

2．休息日安排加班不能补休的，支付不低于工资 200% 的工资薪酬。

3．法定带薪节假日安排加班的，支付不低于工资 300% 的工资薪酬。

例：某钢厂工人实行月工资制，月工资标准为 2 500 元。九月份，有一个星期六加班 1 天，中秋节加班 1 天，平常工作日累计加班 4 小时，则

休息日加班工资 = 加班天数 ×（月工资标准 ÷ 月计薪天数）× 200%

= 1 ×（2 500 ÷ 21.75）× 200%

≈ 1 × 114.94 × 200%

≈ 229.9（元）

法定节假日加班工资 = 加班天数 ×（月工资标准 ÷ 月计薪天数）× 300%

≈ 1 × 114.94 × 300%

≈ 334.82（元）

平时工作日加班工资 = 加班小时数 ×（月工资标准 ÷ 月计薪小时数）× 150%

= 4 ×（2 500 ÷ 174）× 150%

≈ 4 × 14.37 × 150%

≈ 86.22（元）

月工资总收入 =2 500 +229.9 +334.82 +86.22

=3 150.94（元）

实行计件工资的劳动者，在完成计件定额任务后，由单位安排延长工作时间的，应分别按不低于本人法定工作时间计件单价的150%、200%、300%支付其工资。

最低工资规定

劳动法规定，我国实行最低工资保障制度。最低工资的具体标准由省、自治区、直辖市人民政府规定。

最低工资是指劳动者在法定工作时间或依法签订的劳动合同约定的工作时间内提供了正常劳动的情况下，用人单位应当支付的最低劳动报酬。下面多项不作为最低工资的组成部分：(1) 加班加点工资；(2) 中班、夜班、高温、低温、井下、有毒有害等特殊工作环境和条件下的津贴；(3) 国家法律法规和政策规定的保险福利待遇。

实行计件工资或提成工资等工资形式的用人单位，在科学合理的劳动定额的基础上，支付给劳动者的工资同样不得低于相应的最低工资标准。

非全日用工小时工资标准也不得低于当地最低小时工资标准。

四、了解维权的法律途径

在市场经济的条件下，劳动关系双方的矛盾和纠纷是不可避免的。特别是在当前我国经济体制改革深入发展、社会利益格局深刻变化的情况下，劳动关系更呈现出复杂的态势。劳动者不但要懂得如何防止自己的合法权益受到侵害，而且要了解和掌握一旦自己的合法权益受到侵害或威胁时，如何通过法律途径捍卫自己的合法权益。

（一）劳动争议调解仲裁

劳动争议是指劳动关系当事人之间因劳动权利和义务产生分歧而引起的争议。

根据《劳动法》和《劳动争议调解仲裁法》的规定，劳动者与用人单位发生劳动争议后，可按照以下几个程序解决：

1．协商

劳动者可以与用人单位协商，也可以请工会或者第三方共同与用人单位协商，达成和解协议。

2．调解

当事人不愿协商、协商不成或者达成和解协议后不履行的，可以向企业劳动争议调解委员会或基层人民调解组织等申请调解，调解达成的协议具有约束力，当事人应当履行。

3．仲裁

当事人不愿调解、调解不成或者达成调解协议后不履行的，可以向劳动争议仲裁委员会申请仲裁。仲裁应先进行调解，调解不成的，作出裁决。一方当事人不履行生效的仲裁调解书或裁决书的，另一方当事人可以向人民法院申请执行。

4．诉讼

当事人对仲裁裁决不服的，可以自收到仲裁裁决书之日起 15 日内向人民法院提起诉讼。法院审理是劳动争议处理的最终程序。需注意的是，仲裁是人民法院处理劳动争议的前置程序，人民法院不直接受理没有经过仲裁程序的劳动争议案件。

（二）投诉举报和提请行政机构处理

这也是劳动者维护自身合法权益的重要途径。对于用人单位、职业中介机构等违反法律法规、侵害劳动者合法权益的行为，劳动者可以向劳动保障行政部门投诉举报，提请调查处理。劳动保障行政部门依法受理并根据调查情况做出行政处理决定。

如果劳动者对劳动保障行政部门的处理决定或具体行政行为不服，可以申请行政复议。对行政复议不服可以向人民法院提起行政诉讼。

1．你想过维护自身的劳动权益吗？想想看，从寻找工作开始到走上就业岗位，

你将遇到哪些涉及自身劳动权益的问题？

2. 有一种说法："劳动合同是劳动者维护自身权益的护身符。"以此为题组织一次小型讨论会，大家谈谈对劳动合同的理解和认识。

3. 回家的时候问一问父母或其他家庭成员工资收入情况，包括实行哪种工资制度，采用哪种具体的工资分配形式，当月的工资收入是多少？再请他们讲一讲工资收入的各个部分是如何组成和如何计算的。

4. 在媒体上搜集劳动者合法权益受到侵害的案例，和同学讨论如何避免受到侵害，并结合案例探讨维护权益的途径。

中篇 打好就业基础

从一个劳动后备青年转变为就业者，是人生的一大跨越。而在迈入纷繁的职业社会之前，首先要通过就业市场的选择和竞争。面对即将到来的就业竞争和职业生活考验，你做好准备了吗？你能够在用人单位的挑选中胜出，继而又在就业的道路上顺利迈进吗？请你谨记，这里的关键是你要付出最大努力打好就业基础，构筑起你成长的坚实平台。下面让我们一起梳理一下这方面的要领，希望你切实领会并身体力行。

第四讲　提高自身素质

有人说，素质就是一个人的先天禀赋；有人说，素质就是一个人的水平；有人说，素质就是一个人的能力——这些说法都从某个侧面揭示了素质的特点。从科学意义上讲，素质是指人在先天禀赋的基础上，受到教育和环境的影响，而形成和发展起来的比较稳定的基本品质。

我们通常所讲的劳动者素质是指劳动者在参与社会生产、从事社会劳动中稳定发挥作用的内在基本品质，包括职业能力、专业水平、科学文化素质，以及思想品质、职业意识等。从广义讲，还包括劳动者的身体素质、心理素质和智力素质。作为一名劳动后备青年，其自身素质的提高主要在实现就业的环节上显现出来，同时也将成为今后职业生涯发展的重要基础。因此，我们应该特别重视掌握好职业技能，提高科学文化素质，以及培养良好的职业意识。

一、努力掌握职业技能

弧光下的辉煌

中国的航天成就令世界瞩目，也令国人骄傲。2008 年 6 月 1 日，在西昌卫星发射中心，“长征三号甲”运载火箭，又一次成功地将一颗通讯卫星送入太空。这是长征系列运载火箭自 1970 年执行我国第一颗人造地球卫星发射任务以来的第 100 次发射，由此我国成为继美、俄、欧盟之后第 4 个主力运载火箭发射达到百次的国家。

图 6　长征三号运载火箭

长征火箭凝聚了无数科研人员、工程技术人员、职工、部队指战员的奉献和功绩，这其中就有一位技术工人的杰出贡献。

这位技术工人的名字叫高凤林，是中国航天科技集团所属中国运载火箭技术研究院首都航天机械公司的特种熔融焊接高级技师，从事火箭发动机燃烧室、喷管、机架等部组件的焊接工作。

航天运载工具对焊接技术的要求极高，而火箭发动机制造中的焊接又是焊接技术运用的顶峰。高凤林是技工学校毕业生，学的是焊接。从 1980 年走出校园起，他把一生最美好的岁月全部献给了火箭发动机焊接岗位。

高凤林聪颖好学，勤奋刻苦。他用超常的付出筑起自己知识和技能的殿堂，以难得的坚韧迈向焊接领域一个又一个高峰。21 岁的时候，他就成功地解决了火箭发动机燃烧室尾部焊缝的冲压断裂问题，荣立三等功。1989 年，高凤林受命承担“长二捆”振动实验塔的焊接任务。这是亚洲最大的火箭整箭振动塔，焊接难度很大，高凤林根据自己多年积累的经验，提出了通过控制温度实现设计要求的方案，取得了圆满成功。该焊接工程获得了原航天工业部科技成果一等奖。10 年后，我国开始实施载人航天工程时，高凤林主焊的这座振动试验塔仍在继续服役。

1991 年，高凤林和他的焊接小组经过上百次的试验、测试、论证，终于攻克了长三甲三子级发动机螺旋管束式大喷管焊接的难关。这种航天发动机能否研制成功是进入航天大国行列的重要标志，而大喷管的焊接则是研制工程的关键技术之一。高凤林领军的这个焊接攻关项目获得了国家科技进步二等奖。

高凤林在航天焊接领域取得了一系列技术成就，获得了中华技能大奖和“全国十大能工巧匠”称号。人们赞誉他为“航天系统第一把焊枪”。

2004 年 8 月，受时任国家副主席曾庆红同志邀请，来自全国各条建设战线的数十位精英在北戴河聚会座谈，这其中就有高凤林。

焊枪的弧光伴随着高凤林走过人生的路程，他用焊枪创造了事业的辉煌。

点评

不了解焊接的人可能会以为，焊工就是一手拿着防护面罩，一手拿着焊枪，无论寒冬酷暑，在刺眼的蓝色弧光中从事着简单枯燥的工作。然而，高凤林却与焊接结缘一生。他从一个普通的技校毕业生，成长为取得非凡成就的高技能人才。知识、技能和“脑体结合”独特的优势，不仅成为他叩开成功之门的“金钥匙”，而且成为他征服事业高峰的阶梯。难得的是，他既捧起了国家对工人技术能力水平的最高奖——中华技能大奖的奖杯，又同光环耀眼的科学家、工程师们一同站在国家科技进步奖的领奖台上。人们在赞叹他的辉煌业绩时，也再一次领悟到职业素质在成就事业中的力量。

（一）全面理解职业技能要求

职业技能是劳动者在职业活动过程中实现工作目标所必需的知识、技术和能力的总称。对不同职业、不同等级的从业人员应具备的职业技能，国家职业标准有着明确的要求。例如初级车工，需要具备的基础知识包括：识图、公差与配合、常用金属与非金属材料基础知识，机械加工、钳工基础知识，以及电工、安全生产知识等；需要具备的技能包括：按工艺要求完成工艺准备，能进行普通轴类零件、套类零件、普通螺纹、锥面工件及简单成形面的加工，能进行精度检验及误差分析等。车工还应具有较强的计算能力，身体素质符合工作要求。再如初级营业员，需要具备与销售相关的法律、法规基础知识，服务礼仪知识，商品性能、质量、特点及展示、计量、包装知识，票据、收银知识，工作场所安全知识等；需要具备的技能包括：准备工作技能、接待顾客技能、计量包装技能、结算技能和结束工作技能等。营业员因为要接待不同类型、不同需求的顾客，因此还需要具有较强的语言表达能力和观察判断能力。

以上我们只是简单列举了初级车工、初级营业员的职业技能要求。如果我们再审视一下职业等级相邻的中级车工和中级营业员，我们就会发现，不论工作内容还是相关知识、技术技能要求都提高到又一个层次，而且就车工来说，只有达到中级以上才有资格操作数控机床。

从以上两个实例我们可以看出，第一，职业技能的要求是一个全面的规范，包含了实现特定工作目标需要具备的职业知识、技术技巧、工作能力以及与职业活动相关联的智能、体能等，各项内容有着紧密的联系。第二，职业技能要求涵盖了整个生产（工作）流程，从准备工作开始到工作结束，各个环节的要求有序衔接，每一项都不可或缺；第三，职业技能要求从初级、中级到高级依次递进，低级别是高级别的基础，高级别是低级别的扩展和提升。

可见，掌握好职业技能，首先要全面理解职业技能的要求，树立正确的学习态度。要摈弃那种轻视职业技能学习，认为可以不费力气、一蹴而就的错误认识，避免和克服学习上的浮躁心态。要在教师的指导下，严格按照职业标准的规定，扎实、全面地学好职业技能的各项内容。这样，才能切实有效地提高自己的就业能力，并且为职业能力的长远发展创造良好的开端。

国家职业资格等级	
高级技师	国家职业资格一级
技师	国家职业资格二级
高级技能	国家职业资格三级
中级技能	国家职业资格四级
初级技能	国家职业资格五级

（二）获取职业资格证书

职业资格证书是劳动者从事某一职业所应具备的职业知识、技术技能和工作能力的凭证。

在市场经济条件下，劳动者通过人力资源市场求职就业，需要表明自己的职业能力和水平；用人单位根据生产工作需要招用人员，也需要对劳动者的资质作出评判。也就是说，劳动力供求双方都需要客观评价劳动者的能力和水平。职业资格证书正是这样一种经过社会认可的职业资格证明。因此，职业资格证书制度成为国际上通行的对技术技能人才的资格认证制度。对于劳动者来讲，取得了职业资格证书，也就是拿到了人力资源市场的“通行证”。

我国自 1994 年起实行职业资格证书制度，《劳动法》《职业教育法》都对实行职业资格证书制度作出了明确规定。目前，全国已有数千万名技能人员和专业技术人员取得了不同等级的职业资格证书。

我国目前实行的职业资格证书分为两类：行政许可类和能力等级评价类。行政许可类职业资格证书是指从事关系公共利益和公共安全的特定职业（工种）必须具备的知识、技能、能力的证明。能力等级评价类职业资格证书是指对从事专业技术较强、技能要求较高、通用性也较强的职业工种的人员所达到的工作能力和水平的客观评价的证明。

根据《劳动法》和《就业促进法》及其相关规定，对从事涉及公共安全、人身健康、生命财产安全等特殊工种的劳动者，必须取得相应的职业资格证书后，方可就业上岗。对于此类工种，用人单位招用人员，必须从取得相应的职业资格证书的人员中录用，否则，将依法承担法律责任。如果我们拟选择这一范围的职业（工种）就业时，应注意政府部门的相关规定和要求。能力等级评价类职业资格属于倡导性职业资格，国家鼓励劳动者取得相应的职业资格证书，但不强制推行。

（三）参加职业技能鉴定

获得职业资格证书需要参加并通过职业技能鉴定。

职业技能鉴定是一项针对职业技能水平的考核活动，属于标准参照性考试，它是由考试考核机构对劳动者从事某种职业所应掌握的技术理论知识和实际操作能力做出的客观的测量和评价。职业技能鉴定是国家职业资格证书制度的重要组成部分。

职业技能鉴定是专门以职业技能为着眼点的考试，因此它是一种具有特定内容、特定手段和特定目的的考试。与一般考试不同，它是以社会劳动者的职业技能为对象，以规定的职业标准为参照系统，将相关知识和实际操作的考核作为综合手段，为劳动者持证上岗和用人单位就业准入提供资格认证的活动。

参加职业技能鉴定的具体步骤是：

1. 申请。职业技能鉴定，在人力资源和社会保障部门领导下，由各地职业技能鉴定指导中心组织实施。劳动者只要在职业知识与技术技能方面都已具有一定的水平，并想从事某项工作，就可以向当地政府认定的职业技能鉴定机构申请参加职业技能鉴定。

2. 填写职业技能鉴定申请表。根据所申报职业的资格条件，确定自己申报鉴定的职业技能等级，填写职业技能鉴定申请表。报名时需出示本人身份证、培训毕（结）业证书等。各类学校毕（结）业生的职业资格鉴定，由各类学校的主管部门按照地方职业技能鉴定机构的要求组织实施。

3. 领取准考证。领取准考证时须出示本人身份证、培训毕（结）业证书及有关证明等。这些证件须经过当地职业技能鉴定机构的审核。符合报名条件，申请人即可领取准考证。

4. 参加考试。按照学校或人力资源和社会保障部门的统一安排，在规定的时间、地点参加职业技能鉴定考试。

5. 领取职业资格证书。考试成绩合格，到考核鉴定机构领取职业资格证书。职业资格证书必须妥善保管，如果发生遗失情况，应到当地职业技能鉴定机构申报，并声明原证书作废。当地职业技能鉴定机构核实情况后，可以办理补证。

简单来说，目前劳动预备制学员参加职业技能鉴定获取职业技能证书有两条途径：

一是校内途径，即根据人力资源和社会保障部门的统一安排，由学校做具体的组织工作，安排学生参加职业技能鉴定。学生只需按照学校的安排进行准备即可，包括交纳一定的费用、填写表格、准备制作证件的照片等，然后按要求准时到指定地点参加考试。考试完毕后由学校通知成绩合格的学生领取当地人力资源和社会保障部门颁发的证书。

二是校外途径，就是在学校组织的职业资格鉴定活动之外通过不同渠道获取有关职业资格鉴定考核的信息，自行向当地职业技能鉴定机构进行申请。一般需经过专门的职业培训，按照职业技能鉴定机构的安排参加考试。考试完毕后由职业技能鉴定机构通知成绩合格者领取当地人力资源和社会保障部门颁发的证书。

在求职应聘的道路上，多一种职业资格证书，就意味着多一种就业门路。因此，年轻人要充分利用有限的学习时间，有计划地参加职业技能鉴定考试，获得必要的职业资格证书，拓宽自己的就业途径。

二、提高文化科学素质

文化科学知识是人类在实践的基础上对自然和社会环境以及人类自身的认知成果，是人类活动经验的概括与总结。文化科学素质则是指人们对自然科学、社会科学、思维科学、哲学、数学等人类文化的各种基本知识的认识和掌握的程度，以及由此形成的意识和能力。一个人的文化科学素质，不仅仅是指他对文化科学知识的一定了解，还包括将这些知识内化形成的自身的品质。

邓小平同志指出：“我们国家，国力的强弱，经济发展后劲的大小，越来越取决于劳动者的素质，取决于知识分子的数量和质量。”而文化科学素质，是劳动者整体素质的重要组成部分，并且极大地影响着劳动者的职业能力、专业水平等。因为，专业知识是由从事各种专业所需要的共同知识、相应的专业知识和辅助知识等构成的。这种知识结构的形成，需要建立在一定的文化科学素质的基础之上。文化科学素质越高，专业知识拓展的空间就越大。在21世纪的今天，作为国家新一代的建设者，我们具备怎样的文化科学素质，关系到21世纪社会主义现代化建设的全局。努力提高文化科学素质，这是时代对我们每个人的要求。

提高文化科学素质是涉及广泛内容的基础性工作，对于年轻学子和青年劳动者来说，尤其是一项长期的任务。从劳动预备制学生自身特点和未来人才需求出发，应该特别重视从以下两个方面作出努力。

（一）努力学习文化科学知识

目前，文化科学素质教育已经逐渐走向系统化、制度化、规范化。文化科学素质教育作为一种教育理念被更加普遍地接受和实践。我们在学校或培训机构学习期间，在学好专业知识和职业技能的同时，要充分利用良好的学习条件，努力学习文化科学知识，尤其是对当代经济和社会发展有着重大影响的各类知识。例如自然科学的重大基本问题的知识，包括物质的构成，宇宙和生命的起源等知识；当代技术发展前沿领域的知识，包括信息技术、生物技术、新能源技术、航天技术等知识；人类文明历史中积淀的文化知识，包括世界优秀文化和中华优秀的传统文化等。这样，我们就能用更多的文化科学知识把自己武装起来，并为进一步拓展知识范围打下基础。学习文化科学知识最便捷的途径，是根据需要选读一些有关的图书。书籍凝聚着前人积累的知识成果，读一本好书无异于聆听一位导师的讲述。俄罗斯伟大作家高尔基说过：“书籍是人类进步的阶梯。”这句话至今仍有现实意义。就青少年学习文化科学知识而言，文化和科学普及类图书是最适合的一类读物。这类读物大都较为通俗、浅显，易于理解，读起来省力，可以在较短时间内获得较多知识。

学习文化科学知识要持之以恒。因为，文化科学知识不仅浩如烟海，而且日新月异，新发现、新发明、新理论层出不穷。因此，要切实增强学习的自觉性，主动探究，知难而进，锲而不舍。要坚持终身学习的理念，不断用新知识充实和武装自己。只有这样，才能跟上时代的步伐，适应经济社会发展的需要。

（二）注重培养科学精神

科学精神，简单地讲，就是科学观念和坚持这种观念的勇气，是文化科学素质中的基本素质。科学精神包括探索求知的精神、实验求实的精神、进取创新的精神、互助协作的精神等。科学精神是人们创造性地进行工作的根本保障。只有树立起科学精神，才能在工作中真正做到顽强进取、勤于思考、勤于探索、勇于创新、善于合作；相反，如果缺乏科学精神，不仅工作方法上难以创新，工作质量上难以提高，而且还难以抵制伪科学和反科学思想的侵袭。

我国著名的科学家竺可桢在《科学之方法与精神》一文中，将文艺复兴时期以后的欧洲近代科学精神总结为：不盲从，不附和，不武断，一切以理智为依归。如遇横逆之境，则不屈不挠，不畏强暴，只问是非，不计利害。正是在这种精神的推动下，欧洲的科学革命光照世界，开创了近代科学发展的新纪元。

科学的本质是创新。培养科学精神的核心在于培育和增强创新精神。我们要把培养创新精神作为十分重要的任务，自觉地锻炼和提高创新思维能力，形成敢于怀疑和求异、求新的积极心态，为进行开拓性、创造性的探索打下思想基础。

给我一个支点，我可以撬动地球。

——（古希腊）阿基米得

我先是学习，然后是环球旅行，然后又是学习，这就是我的自传。

——（英）达尔文

三、培养树立职业意识

职业意识是指人们对职业岗位的认同、评价、情感和态度等心理特征的总和，包括责任意识、服务意识、规范意识、质量意识等。良好的职业意识可以使员工更具活力和创造力，是成就卓越的企业的重要因素。用人单位对员工职业素质的评价，不仅从职业能力着眼，也看重其职业意识。对于求职的青年，是否具备基本的职业意识，也越来越多地受到用人单位的关注。因此，劳动后备青年在学习知识技能的同时，也要重视职业意识的养成。

故事品鉴

模范导游文花枝

2005年8月28日下午，一辆旅游车行驶在陕西省洛川县境内。突然，一辆大货车超速改道，与旅游车相撞，酿成重大交通事故。旅游车上6人死亡，20多人受伤。23岁的女导游文花枝伤势严重，全身多处骨折。营救人员赶到时，想先把坐在车门口第一排的文花枝抢救出来，可她强忍剧痛，对救援人员说："我是导游，后面是我的游客，请先救游客。"由于车辆毁损严重，每救出一个人都需要很长时间。等到文花枝被救出时，已经错过了最宝贵的救治时间，医生不得不对她施行了左腿截肢手术。

图7　中国最美女导游文花枝

文花枝把生的希望留给别人，把死的威胁留给自己，她的事迹感动了千千万万人，赢得了广泛的赞誉和爱戴。她被评为全国模范导游员，获得了全国五一劳动奖章和全国"三八红旗手"称号，并被选送到湘潭大学旅游管理专业深造。建国六十周年前夕，她还被评为新中国成立以来100位感动中国的人物之一。

点评

在媒体上，人们把文花枝称为"中国最美女导游"。是的，文花枝是美丽的，她不仅具备秀美的容貌、阳光般的气质，还具备金子一样的心灵。一个23岁的女孩，在危急关头，首先想到的不是个人安危，而是"我是导游"，喊出的是"先救游客"，这是怎样一种精神境界啊！这是道德的典范，面对生与死的抉择，她选择了先人后己；这是职业精神的典范，在严重受伤、几度昏迷的情况下，她没有忘记她的职业责任。文花枝以她高尚的情操，为全社会树立了道德品质和职业精神的榜样。

（一）责任意识

责任意识是指自觉地履行岗位职责，按照岗位要求认真落实各项工作任务的意识。责任意识所涉及的内容非常丰富，并且与其他职业意识的联系非常紧密。

责任意识是一个人成就事业的基本保证、造福社会的基本前提。一个人要在社会中立足，就必须具备责任意识。良好的责任心是每个人必备的优秀品质。

你接受一个岗位的工作，就意味着要坚守这个岗位的责任。这是一种承诺，这种承诺需要行动去兑现。敢于兑现承诺，才是一个人真正走向成熟的表现，才能为自己的思想、工作、目标和生活负责，才能给人一种可以信任的感觉。在很多时候，对于一部分刚步入职场的人来说，第一份工作可能不是由自己的意愿决定的，但这不能成为不负责任的借口。即便你不喜欢这项工作，但你已经选择了它，就要负起责任来。当你尽最大的努力去完成工作，并因此而得到领导和同事的赞赏时，你会感到莫大的惊喜，或许发现你已经喜欢上这份工作了。这往往是你成功之路的起点。

培养责任意识还要注意不要给自己制造任何借口，不要逃避责任。平时你可能听到这样的话语：“这不关我的事”“又没有人问过我”“大家都这样”……这些看似随口说出的话，其实表现出的是一种推脱责任的心态。人们应该从日常工作生活的细小事情开始就注意培养自己的责任观念，这样责任意识才能成为人们的一种长久的素质，从而使自己成为值得信赖的员工或企业管理者。

故事品鉴

站好“最后”一班岗

某公司要裁员，内勤部的小张和小燕被确定一个月后离岗。得知此消息，两人的眼圈儿都红了。这事摊到谁头上，谁都难以接受。第二天上班，小张心里憋着股气，情绪很激动，什么也干不下去，一会儿找同事哭诉，一会儿找主任申冤。订盒饭、传送文件、收发信件这些原来由她完成的工作，全被扔在一边，别人只好替她干。

小燕其实也哭了一晚上，可她知道，难过归难过，离走还有一个月呢，工作总不能不干呀，于是她默默地打开计算机，像往常一样打文件。同事知道她要下岗，不好意思再找她打字了。她特意和大家打招呼，主动揽活，还说："是福不是祸，是祸躲不过。反正也这样了，以后想给你们干都没机会了。"于是她像以前一样，坚守着自己的岗位。一个月后，小张如期下岗，而小燕却被留下了。主任当众宣布了老总的决定："小燕的工作态度难能可贵，像小燕这样的员工，公司永远也不嫌多。"

小燕强烈的工作责任意识给了她重新上岗的机会。面对逆境，她并没有把自己的情绪带到工作中，而是以积极的心态面对现实。可见，做一个负责任的人，是多么重要。

（二）服务意识

服务意识是指在职业活动中从工作对象的利益出发，自觉为他人提供帮助和关爱的思想观念。服务意识是每一个从业者都应具备的职业素质。

树立服务意识对于劳动后备青年并不是遥远的事情。要在这方面有一个良好开端，应重视以下几点：

1. 热爱自己的工作

具有积极乐观的工作态度、热爱自己本职工作的人，才能把在工作中帮助别人当作一种快乐，真正乐于通过自己的工作为他人服务。而对自己的工作感到厌烦的人，即使内心萌生出服务意识也会被消极的情绪所吞噬。同时，热爱自己工作的人能够很快娴熟地掌握业务技能，这是提供优质服务的基础。

2. 以服务他人为荣

在有些人的思想观念中，总是把服务和卑微、低下联系在一起。这种认识是错误的，也是极为有害的。其实，不论任何职业活动，从业者在服务他人的同时也在接受其他社会成员提供的服务。树立良好的服务意识，既是职业活动的要求，也是道德境界的反映。每一个从业者都应以服务他人为荣，在职业活动中努力弘扬服务大众、服务社会的精神，为形成良善和谐的人际关系作出贡献。

3. 把真诚作为待人之本

要真正做到自觉而不勉强、踏实而不造作地为他人服务，要有一颗质朴、真诚的心。真诚是最重要的品德修养，也是待人之本，服务之本。没有来自自己内心的真诚就不可能有感动他人内心的服务。职业意识中蕴涵着的是为人处世的根本道理。

（三）规范意识

有些人喜欢游戏，但不喜欢游戏规则，更反感职业活动中的规范，好像一说规范就意味着没有了个性，要有个性就必须破除规范。他们认为规范是一种枷锁，讲规范就失去了自由，追求自由就不能受规范的约束，这是一种错误的看法。

俗话说得好，没有规矩不成方圆。世界上只要有人群的地方就会有各种规范，大到国家大法，小到交通规则，无一不使人们的生活既有秩序又有活力。

不论从事什么职业，在工作岗位上也都要遵守工作岗位规范。最基本的工作岗位规范包括：

1. 首先要做到的应是不迟到、不早退，严格遵守作息时间。如因事需要外出时，一定要向领导请示，得到允许后方可离去。

2. 上班时间，朋友将电话打到办公室，如与工作无关，应告诉朋友自己正在上班，下班后再联络。

3. 上班时的衣着要整洁、大方、得体，符合工作岗位的要求。

4. 每天要把自己的工作区域打扫干净，自觉维护环境卫生，使大家能有一个清新的工作环境。

5. 遵守岗位规章制度，不做与工作无关的事情。

规范体现在细节上，每个人都应时时、事事、处处规范自身言行。规范意识就是从业者按照单位的规章制度要求和企业文化理念，自觉履行岗位职责、规范自身言行的意识。自觉遵守工作岗位规范是对从业者基本的素质要求，也是一种美德。

无处不在的自律和规范

海尔集团是我国最著名的大型跨国企业之一，在国际上是最具知名度的中国品牌。海尔的成功既来自企业的科技进步、产品的不断创新和持久的质量信誉，也来自先进的管理理念和由此造就的员工的素质和精神。在海尔工业园里，不需特别留意，你随处都能感受到员工们的自律和规范意识。不论哪条生产线上，所有员工都着装整齐、专心致志地工作，看不到在有些企业里常见的那些与规章相悖的行为；对于任何操作，哪怕是极普通、极简单的上螺丝，都完全按照工艺规则一丝不苟地进行；在离开自己的座位时，员工们毫无例外都会把椅子推到桌子下面，这已经成为每个人的行为习惯；即使在厂区内行走，也都一律靠右行，就如同在马路上遵守交通规则一样……员工们以自己的行为向人们展示了海尔人的职业素养，生动地证明员工的素质是企业成功的根本保障。

点评

国外著名管理大师德鲁克说过，管理的本质不在于“知”而在于“行”。海尔把企业的竞争力建立在员工自觉的行为上，这正是海尔管理的要义。海尔员工的自律和规范意识，对我们每一位从业者和即将走上工作岗位的人都有教益。这些渗透到员工日常活动中的观念和行为习惯，看起来微不足道，但却体现着企业文化的深厚积淀，蕴藏着巨大的能量，构成企业重要的竞争力。我们面对的是越来越看重员工自律和规范意识的企业环境，无论做什么工作，无论在哪个岗位，都要高度重视自律和规范意识的养成，这样才能适应现代管理的潮流。

有一则寓言：一只鱼终日只能在水里游来游去，它心想：要是没有水的约束，那该有多自由啊！于是，鱼儿就来到了岸上。可是没过多久，它就因为不能呼吸而死亡，永远失去了自由。鱼儿认为水限制了它的自由，其实恰恰相反，只有在水中，它才是自由的，是水给了它自由。

这则寓言说明的道理是，自由是相对的，是有条件的。鸟在天空飞翔是自由的，鱼在水中嬉戏是自由的，如果把鸟放入水中，而让鱼离开水，那么它们不仅得不到自由，而且很快就会失去生命。

用一句话来归纳这则寓言的哲理，那就是，世上没有不受约束的自由。

（四）质量意识

质量意识，顾名思义是以质量为工作的核心目标，自觉保证工作质量的一种意识。质量意识是一个合格的从业者必不可少的素质。

谁都知道，产品和服务的质量是企业的生命。而员工的质量意识是产品和服务质量的保证。只有每一个员工都一丝不苟、精益求精地完成工作任务，整个企业才会有优质的产品和一流的服务，才能长久保持旺盛的生命力，在激烈的竞争中立于不败之地。

质量意识体现着从业者对职业岗位的认同和态度，也关系着从业者在职业岗位上的发展。每一位劳动后备青年都将在今后的职业生活中经受这方面的检验，因此，对养成质量意识应予以足够的重视。

1．结合高凤林创造的辉煌业绩，想一想职业素质在成就事业中的位置。

2．为什么作为一名技能人才，还需要努力学习文化科学知识？

3．你怎样理解“职业意识”？你认为良好的职业意识主要应体现在哪些方面？为什么用人单位不仅看重员工的职业能力，同时也看重员工的职业意识？

4．读了“模范导游文花枝”的故事，你有哪些感受？为什么说文花枝是道德的典范和职业精神的典范？你打算怎样培养自己的职业意识？

第五讲　确立职业目标

职业伴随人生。选择什么样的职业，对人生有着至关重要的影响。如何正确选择职业，确立适合自己的职业目标呢？这个问题在就业的准备阶段将摆在你的面前。探讨这个问题，既需要了解职业，也需要正确评价自己。

韩北雁的职场起跑

22 岁的韩北雁在位于北京郊县的一家环保科技公司经理办公室做文秘工作。别看她只有 22 岁，在职场上已经有一些阅历了。

她在高职读书时学的是文秘，是班级的尖子生。毕业时有十几家用人单位到学校招聘，其中一家是杂志社，招聘一名编辑助理。韩北雁觉得，编辑工作社会地位高，招聘机会难得遇到，就毫不犹豫地报了名，结果在十几名竞争者中脱颖而出，幸运地被这家杂志社录用。可是上班后她发现，这是一种专业性很强的杂志，编辑们都有较强的专业基础，她的工作主要是稿件录入、排版和文字校对，想进一步发展难度很大，工作热情慢慢消退，产生了跳槽的念头。在杂志社工作不到一年，她辞职进入了一家旅游公司作导游。导游工作每天同各色各样的游客打交道，韩北雁文化和身体素质虽然都不错，外语也有一定的基础，但她性格内向，导游岗位也让她很难适应，6 个月的试用期未到她就主动解除了合同，最后应聘到了这家环保科技公司做文秘。

韩北雁感到公司文秘这个岗位对她很适合，有一种如鱼得水的感觉。由于工作出色，第一年就被评为优秀员工。她说：“我现在才真正从职场上起跑了。”而从她走出校门算起，已经过了近三年的时间。

点评

其实，韩北雁从走上第一个工作岗位起，已经开始了职场起跑，只不过她经历了一段曲折。探究这其中的原因，最根本的在于韩北雁在自己职业目标的定位上，缺乏缜密的思考和清晰的认识。这就如同打靶一样，靶标模糊，子弹的方向就难免偏离。因此，在进入职场前，一定要做好确立职业目标的功课。

一、了解职业

了解职业，可以从两方面入手：一是职业概况，主要是职业与职业分类；二是具体的职业情况，重点是自己需要了解的职业的状况。

（一）职业与职业分类

职业是指人们为获得生活来源而从事的社会工作的类别。职业所反映的是不同劳动者所从事的不同种类的社会劳动。

1999 年，劳动和社会保障部、国家质量技术监督局、国家统计局颁布了《中华人民共和国职业分类大典》（以下简称《大典》），对我国社会职业进行了科学划分和归类，全面客观地反映了现阶段我国社会的职业结构状况。《大典》将我国社会的职业结构划分为 8 个大类，66 个中类，413 个小类，1 838 个细类（职业）。这部《大典》是我国第一部具有国家标准性质的职业分类大全，填补了我国职业分类的一项空白。

我国职业分类大典对职业的划分和归类

第一大类	国家机关、党群组织、企业、事业单位负责人	包括 5 个中类，16 个小类，25 个职业
第二大类	专业技术人员	包括 14 个中类，115 个小类，379 个职业
第三大类	办事人员和有关人员	包括 4 个中类，12 个小类，147 个职业
第四大类	商业、服务人员	包括 8 个中类，43 个小类，147 个职业
第五大类	农、林、牧、渔、水利业生产人员	包括 6 个中类，30 个小类，121 个职业
第六大类	生产、运输设备操作人员及有关人员	包括 27 个中类，195 个小类，1 119 个职业
第七大类	军人	包括 1 个中类，1 个小类，1 个职业
第八大类	不便分类的其他从业人员	包括 1 个中类，1 个小类，1 个职业

职业体系与产业、行业结构是紧密联系的。任何一种职业都可以归属于国民经济中某一产业的某一行业，职业类别也是以产业、行业类型为基础来划分的。按照目前国际上通用的有关产业结构的分类方法，可以将国民经济划分为三大产业。

第一产业是指农、林、牧、渔业。第二产业是指采矿业，制造业，电力、燃气及水的生产和供应业，建筑业。第三产业是指除第一、第二产业以外的其他行业，包括交通运输、仓储和邮政业，信息传输、计算机服务和软件业，批发和零售业，住宿和餐饮业，金融业，房地产业，租赁和商务服务业，科学研究、技术服务和地质勘察业，水利、环境和公共设施管理业，居民服务和其他服务业，教育，卫生、社会保障和社会福利业，文化、体育和娱乐业，公共管理和社会组织，国际组织。

我国 2002 年颁布的《国民经济行业分类》国家标准，将国民经济行业划分为 20 个门类，顺序用英文字母表示，见下表。

A	农、林、牧、渔业	K	房地产业
B	采矿业	L	租赁和商务服务业
C	制造业	M	科学研究、技术服务和地质勘察业
D	电力、燃气及水的生产和供应业	N	水利、环境和公共设施管理业
E	建筑业	O	居民服务和其他服务业
F	交通运输、仓储和邮政业	P	教育
G	信息传输、计算机服务和软件业	Q	卫生、社会保障和社会福利业
H	批发和零售业	R	文化、体育和娱乐业
I	住宿和餐饮业	S	公共管理与社会组织
J	金融业	T	国际组织

职业是社会发展的产物。随着经济发展和科学技术、社会文明的进步，职业也在演变。一些新的职业涌现出来，如形象设计师、商务策划师、会展策划师、景观设计师、社会工作者、动画绘制员等，也有一些旧的职业（如报幕员）被淘汰。同时，

一些传统职业的工作内容和任职要求也发生着变化。因此，我国已启动了对《职业分类大典》的补充修订工作，并推出了新职业定期发布制度。

（二）具体的职业状况

对于正在考虑选择什么样的职业作为自己就业目标的人来讲，除了需要了解一定的职业概况外，更需要的是了解自己感兴趣和希望从事的某些职业的具体状况，如这个职业的性质、特征、工作内容、任职要求等，以帮助我们确立职业意向。

我们可以通过上网搜索或到图书馆借阅《中华人民共和国职业分类大典》，查找到自己需要了解的职业，看到有关这个职业的定义、性质、工作内容等的描述。

对具体的职业状况，还可以通过国家颁布的职业标准进行了解。《国家职业标准》以《职业分类大典》为依据，以反映各职业对从业人员的要求为目标，对职业活动的范围、工作内容、技能要求和知识水平等都作了明确规定，也是反映职业状况的重要文件。

下面是我们从《职业分类大典》和《国家职业标准》中看到的关于车工和营业员职业状况的基本描述。

职业名称：车工

职业定义：操作车床，进行工件旋转表面切削加工的人员。从事的主要工作：（1）安装夹具，调整车床，装卡工件；（2）维护保养和刃磨车刀；（3）操作普通车床及数控车床等，进行带有旋转表面的圆柱体、圆柱孔、圆锥体、圆锥孔、台阶面、端面、特形面、车槽及钻孔、扩孔、绞孔和各种形式的螺纹的切削加工；（4）维护保养机床设备及工艺装备，排除使用过程中的一般故障。

职业等级：共设初级、中级、高级、技师、高级技师五个等级。

职业能力特征：具有较强的计算能力和空间感、形体知觉及色觉，手指、手臂灵活，动作协调。

基本文化程度：初中毕业

> 职业名称：营业员
>
> 职业定义：在营业场所从事商品销售、服务销售的人员。
>
> 从事的主要工作：(1) 陈列商品；(2) 组装调试商品；(3) 为顾客展示、演示商品；(4) 维护保养商品及相关设备、工具；(5) 计量、包装商品；(6) 开票、收款；(7) 给付商品或为顾客提供咨询服务。
>
> 职业等级：共设初级、中级、高级、技师四个等级。
>
> 职业能力特征：具有较强的语言表达、观察判断、计算能力，四肢灵活，色觉、味觉、嗅觉正常。
>
> 基本文化程度：初中毕业

有关这方面的知识，还可以向专业课教师和职业指导教师咨询。

二、客观评价自我

自我评价是自我认知的过程。就准备就业的青年而言，自我评价是从“我想干什么”的幻想型思维，向“我能干什么”的现实型思维转变的过程。因而，做好自我评价的关键是处理好主观与客观的统一。

（一）自我评价的原则

自我评价是建立在自我观察与自我分析的基础上，是对自己的全面评估。求职者在自我评价时应把握一些基本原则。

原则一：全面性——自我评价应当具备全方位的视野。

全面评价自己才能形成正确的认识。要从心理特征、兴趣爱好、知识基础、技术技能、身体条件等各个方面全面分析自己、评价自己，而不应只就某个方面论短长。既要看到自己的优点和长处，也要看到自己的缺点和短处；既要对自身的个性品质进行具体分析，又要对整体素质进行综合评价。要避免孤立地、片面地、以偏概全地评价自己。

原则二：客观性——自我评价要以职业岗位的要求为依据。

每个人都有着不同于他人的特质，尤其在生理条件和心理特征方面。这些特质本身并不存在绝对的优劣，而只是从就业的角度来说同某种职业的需求存在着关联性。例如性格外向的人善于与人交往，适合从事开放、灵活性强的职业；性格内向的人做事缜密，适合从事稳定、要求严谨的职业。因此，自我评价应以职业、岗位的要求为依据，这样才能客观、真实、恰当地认识自我。

原则三：发展性——自我评价要有发展眼光。

每个人都在发展变化，自身素质将不断提升。自我评价中既要认识“现在的我”，也要分析和看到“明天的我”。发展性评价的核心是重视过程，不但应当对自己的现实素质做出全面、适当、客观的评价，而且应该着眼于未来的发展变化，要用发展的眼光，有预见性地评估自己的潜力和发展前景。

（二）辩证地看待自己

上述三条原则，告诉了我们正确评价自己的科学方式，即辩证地看待自己。简单地说，就是以全面、客观、发展变化的观点看待自己。

1. 要认清自己的优势和不足

有一句古语叫“尺有所短，寸有所长”，意思是说，尺比寸长，但用在比尺更长的地方则显得短；寸比尺短，但用在比寸更短的地方则显得长。这句话用来比喻人或事物各有所长，也各有所短。的确，每个人都有自己的优势和长处，也都有自己的弱项和不足。如果对自己的优势没有正确的了解和认识，很可能导致与成功失之交臂。许多成就了一番事业的人，往往也是一些普通人，他们的成功并非由于比别人更具天赋，而是因为更善于发现和发挥自身的优势。相反，如果对自己的不足缺乏认识，就会陷入盲目自满的状态，不仅失去前进的动力，还会错失“扬长避短”地发展自己的机会，以致酿成事业的失败。

应该认识到，我们这些经过劳动预备制教育培训的学生，从适应就业和职业发展的视角来看，许多优势还是很突出的。

例如，我们大都掌握了至少一种职业技能，不少人取得了职业资格证书。用人单位反映，比起普通学校的学生和社会青年，经过劳动预备教育培训的学生最突出的优点是掌握一定的职业技能，实际操作能力强，很快就能顶岗。而且，由于有专业知识和技能的基础，可塑性强，易于岗位转换，能更好地适应企业生产发展的需要。

同时，学生们还大都具备较强的市场就业意识。劳动预备制教育培训是在市场就业制度全面实施的形势下发展起来的。学生们在学习职业技能的同时，也经过就业观念和求职技能的培养和训练，因此，市场就业意识普遍较强。

当然，劳动预备制学生也有明显的不足。例如，就职业能力来说，虽然经过培训掌握了一定的职业技能，但基本是应用于具体职业岗位的初、中级技能，缺乏在更大领域适用的更高层次的技能，在职业能力的发展上刚刚迈出了最初的步伐。

以上几点分析是就劳动预备制学生这一群体的一般情况而言，如果从学生个人的具体情况来看，每个人的优势和不足更是千差万别。如在个性特征上，有的人活泼开朗、处事主动、善于交往，有的人则文静内向、做事谨慎、喜欢独处；在学习能力上，有的人有较强的记忆力，有的人有较突出的理解力和分析综合能力；在职业能力上，有的人更善于动手操作，有的人则长于组织协调，等等。

可见，认识自己的优势和不足，既要注意把握群体的一般性特征，更要重视分析个人的差异性，两个方面都不可忽视。

2. 以发展的观点看待自己

认清自己的优势和不足，是正确评价自我的基础。但仅停留在这一步还不够，我们还需要以发展的观点看待自己。

世界上一切事物都是发展变化的，都处于发展变化的过程中，人类自身也不例外。我们青年人正处于人生历程中成长上升的时期，如同早晨八、九点钟的太阳，朝气蓬勃，充满活力，完全可以通过自身的努力，把弱项和不足转化为优势。

在本书的开头，我们向大家介绍了“工人专家”李斌的事迹。这位新一代知识型工人的杰出代表，不仅是一位事业的成功者，同时也是一位勇于认识自身不足并将其转化为优势的强者。

李斌上小学和中学时正赶上“文化大革命”，那个时代的孩子没有受到正规的教育。1977 年，高考制度恢复，李斌报考上海机械学院，然而只考到接近录取分数线的成绩，遗憾地与升学的机会失之交臂。随后，他考入技工学校，继而进入工厂成为一名普通工人。从赢得学历优势的角度看，与那些有幸考进大学的青年相比，李斌输掉了开始的一步。然而，他没有气馁，以顽强的精神坚持学习进修和钻研技术，先后取得了本专业的大专和本科学历，获得了工程师和高级技师双重职称，摘取了中华技能大奖桂冠，被聘为大学教授，成为全国知名的数控技术应用专家。

李斌的事迹给我们深刻的启迪。它以生动的事实告诉我们，无论你存在怎样的不足，都无须自卑和气馁，更不应对自己失去信心。以平和的心态认识自己的不足，以发展的眼光审视自己，这是走向成功的起点。知识可以学习，素质可以培养，能力可以提高，性格可以调适，努力将自己的不足转化为优势，迎来的就是一片光明的前景。

高贵的灵魂，是自己尊重自己。

聪明的人只要能认识自己，便什么也不会失去。

——（德）尼采

三、正确确立职业目标

（一）职业选择的理论

这里我们简单介绍一下几种较有影响的职业选择理论。

1. 职业和人匹配理论

这个理论最早由美国波士顿大学教授帕森斯提出。他说，人们选择职业时，一要清楚地了解自己的态度、能力、兴趣、智谋、局限和其他特点；二是职业内容对人的要求，自己所学的知识在不同工作岗位上的优势、不利、机会和前途；三是上述两条件的平衡。其含义是将个人的主观条件与社会职业岗位相对照、相匹配，从而选择一种职业。

2. 职业生涯理论

这种理论重视人们对职业的初次选择，更重视人们对职业的再次选择，研究的重点在于“人到中年”的职业转换。此理论认为，当一个人长期从事某一职业，并具备相当实力、经验和取得一定成就后，就会更加重视自己在组织和群体中的位置。或想在所从事的职业中获得高等级的职位，或者谋求转换另一种职业。因此，在现代人力资源管理理念主导下的组织中，人们很重视从业人员特别是高层级人员在职位上的发展、转换和专业素养的评价。

3. 职业兴趣理论

这是一种对兴趣类型进行划分，并与职业相匹配的职业指导理论。其代表人物是美国著名的职业指导专家约翰·霍兰德。霍兰德和他的助手在几十年间经过百余次大规模的实验研究，创立了职业兴趣理论，亦称人格类型与职业类型学说。霍兰德将人的兴趣和职业划分为实现型、调研型、艺术型、社会型、企业型、常规型六种基本类型，并相互对应、相互联系。霍兰德的理论在实践中有较强的指导意义，因而受到欢迎和好评。

（二）职业选择的原则

1. 客观原则

进行职业选择必须从客观实际出发，将自己的职业理想、爱好、兴趣与知识、能力等条件综合加以考虑，分析自己能够胜任哪些工作，避免职业选择的盲目性。

2. 主动原则

对于准备就业者来说，应积极创造条件，主动寻找适合自己的就业岗位，不能等待、观望，寄希望于社会和他人的帮助。如果认为自己条件不够，而又不愿放弃自己中意的职业目标，就应下决心参加有关的培训，改善自身条件以适应职业需求。

3. 取舍原则

人们在选择职业时往往有很多条件，其中有实际因素、有幻想因素，有合理要求、有过分要求。在选择职业目标时不可能各种条件都得到满足。因此，要分析哪些是主要因素，哪些是次要因素，应抓住实际的、合理的、主要的因素，抛弃那些幻想的、过分的、次要的因素，以期实现顺利就业。

4. 社会需要原则

随着社会的发展，职业需求不断变化，就业竞争也日趋激烈，选择职业目标时如果自己的主观愿望与社会需求发生矛盾时，要充分考虑社会的需要。树立积极适应社会需要的观念，是每个求职者都应具备的思想。

5. 扬长避短原则

一个人不可能十全十美，在职业选择过程中要充分注意扬长避短。所谓“扬长”，就是正确评价自己的优点，充分利用和展示自己的长处。所谓“避短”，不是回避掩盖，而是正视自己的弱点，敢于认识自己的不足。有长不扬，就会坐失良机；不承认自己的弱点，就会增加职业选择的盲目性。

（三）职业目标的分析评估

在职业目标确立的初始阶段，根据我们对职业的了解和自身条件的认识，对个人倾向从事的职业会形成一个大致的方向，并进而圈定若干最吸引自己的职业。这些吸引了我们目光的职业能否确立为职业目标？还需要经过仔细的分析评估后才能决定。

1．目标的初步分析

这一步，主要是从吸引自己的职业目标中，遴选出既符合自己职业兴趣，又适合自己性格特点和能力水平的职业，即理想的职业目标。这样的目标可能有一个或数个，也可能一个也未能列选。但无论如何，这一分析过程都是进行下一步工作的基础。

2．目标的综合评估

如果你理想的职业目标不止一个，那么你就要对这些目标进行比较。如哪个目标在实现过程中面临的风险因素较小，更适合自己当前实现就业；哪个目标更能发挥自己的潜能，有利于今后的长远发展，等等。经过比较、评估，从而做出取舍。如果在初步分析的过程中，没有遴选出自己理想的职业目标，那么就需要退而求其次，比如选择适合自己的知识、技能水平和性格特点，而与自己的职业兴趣尚有一定距离的职业，留待在今后的工作中继续培养自己的职业兴趣。

经过分析评估，至少应确立一个职业目标，当然，有 2 ~ 3 个更好，以便于做出进一步调整。

最后，也是很重要的，那就是在职业目标选择的过程中，一定要保持良好的心态。心态是影响决策的重要因素。对于正确确立职业目标来说，不同心态下的决策可能产生迥然不同的效果。我们要切实避免盲目攀比、好高骛远或失去自信、畏缩不前的不良心理，坚持平和务实的良好心态，这对于提升职业目标决策的质量是十分必要和有益的。

思考与体验

1．什么是职业？根据自己的生活实际，想一想，经济社会发展同职业的变化有哪些联系？

2. 想一想，你所学习的专业涉及哪几个职业？自己查找一下相关资料，看看这几个职业的具体状况是什么？

3. 课堂互动——体验求职中的“扬长避短”。

请你按照下面的提示操作：拿出一张白纸，纸张的规格不限，但一定要是一张白纸。把这张白纸横向折叠一次，纵向折叠一次，展开后这张纸就分成了四个区域。请你在第一个区域写出自己的优点、特长，在第二个区域写出自己的缺点、不足。在你动笔之前，给你一个善意的提示：优点、特长凡是自己认识到的，尽量都写出来，可以是体貌方面的，如身体健壮、相貌端庄、个子高挑、动作灵活等；可以是性格方面的，如脾气好、心胸开阔、稳重大方、做事执著等；也可以是能力方面的，如善于独立处理问题、心理承受能力强、观察问题敏锐、数字记忆准确等；还可以是兴趣、爱好方面的，如爱看书、喜欢整理环境、做事独出心裁、擅长与人聊天等。至于缺点与不足，你也不必刻意回避，但写多写少不强求。

完成了上面的步骤，邻近的同学可以互相传看并对自己的优点加以补充。

然后请在第三个区域写出你想“得到”什么工作，具体一点、粗略一些都无妨。最好不要只写一种工作，多写几种为好。其实在现实生活中，没有人可以白白“得到”工作，而是要通过自己的努力去求职，因此，在这个区域所写的其实就是求职愿望。如果能够结合自己的优点写出求职愿望更好。例如，如果你性格开朗大方，并且善于与人交际，想做营销工作可能是不错的选择。再给你一个提示：写在这个区域的求职愿望，要尽量“避己之短，扬己之长。”最后是填写第四个区域的内容。要求是在想要“得到”的若干份工作之中，选出一两个你自认为经过努力可以干得出色的，作为你求职的最佳选择或者叫做可能取得成功的职业。

可能你已经猜出进行这项互动活动的目的了。这个活动是要让同学们体会到：第一，每个人都有优点与长处。第二，每个人都无法回避缺点与不足。第三，要想立足社会，求得一份职业，应该扬长避短。第四，任何人都可以获得事业成功，但莫忘大前提是自己的努力奋斗。

第六讲　准备角色转换

人在社会中都以一定的角色存在和生活。如在学校学习时的角色是学生，而走上工作岗位成为一名员工，就转变为工作角色或称职业角色。我们每位劳动预备制学生也必然要经历这样的角色转变的过程。能否顺利实现这一转变，关系到自身形象的树立和在职业道路上的发展。因此，我们在进行就业准备的时候，也应做好角色转换的准备。

就业见习的职场感受

目前，以促进就业为目的的就业见习活动正在各地开展。就业见习是指组织准备就业的青年在就业前到企事业单位进行一段时间的学习和实践的一种安排。参加就业见习的对象包括大学与职校毕业生、下岗失业青年、青年农民工等。早在 2002 年，上海就设立了青年就业见习基地。北京目前已建起 1 000 多家就业见习基地。就业见习为用人单位搭建了对见习人员直接进行考察的平台，便于从中选择和录用最适合本单位需要的求职者，因此人们也把就业见习称为“就业直通车”。

对准备就业的青年来说，就业见习为他们提供了难得的锻炼机会。“职场试水”的实践不仅提高了他们的工作能力，积累了工作经验，而且使他们体验了职业生活，感受了职业精神。

参加过就业见习的同学这样讲：

“在学校里内心总是充满优越感，见习中面对实际工作真正看到了自己的不足。”

“以前我总是想如何用技术解决问题，现在明白了任何技术离开团队的协作都无济于事。”

“过去作为‘校园人’，考虑更多的是个人的愿景，现在作为‘职业人’，更多地懂得了自己的社会责任。”

这些体会说明，就业见习不仅是就业前实际的职场历练，也是人生中一次宝贵的经历。

点评

就业见习是一项卓有意义的制度构建。以往，青年从学校直接走上就业岗位，从“校园人”直接变为“职业人”，中间缺乏一个角色转换和适应的过程。就业见习建立起连接学生角色和职业角色的一条通道，减少了角色转换的困难，对于青年的成长将起到积极的作用。

一、积极主动地做好角色转换的准备

从学生角色转变为职业角色，要在走上工作岗位后才能实现，而且要经历一个过程。我们之所以强调在学习培训期间就应积极、主动、自觉地做好角色转换的准备，是因为职业角色的内涵远比学生角色复杂，两种角色的性质有着巨大差别，转换起来难度较大。我们一起来分析一下这个问题。

（一）走进职业生活是人生的一大跨越

许多人回顾职业生涯时都会感叹，走进职业生活的确是人生道路上最关键的一步。学生时代是接受教育、积累知识、培养能力和品德的时期，所有活动都是围绕构建今后的发展基础来进行。学生既无须为社会创造财富，也不必为个人生计劳碌，学习生活的成果主要体现在德、智、体、美的全面发展上。这个时期可以说是独立走向社会的预备期。而当你迈进就业者的行列，从此开始的职业生活就完全不同了。人们从事职业活动首先是为了获取报酬或收入以满足生存的需要，所以就业对每个人来说最基本的意义都是谋生的手段。当然，职业活动的意义远不止如此，尤其是在当代社会，职业活动越来越成为实现个人价值的载体和为社会作贡献的途径。职业活动的复杂性和对于人生的长远影响，是学校生活无法比拟的。走进职业生活，我们才真正开始了人生的发展时期。

（二）新旧角色的行为方式差异很大

社会中的每种角色都会因其身份、职责和所处的环境而形成一定的行为方式。学生是正在接受教育的成长中的个体，主要任务是学习，其知识的获得虽然离不开教师的传授和同学的帮助，但学习活动主要通过个人努力完成。同时，学生不是社会生产者，不承担相应的社会责任，也远离社会劳动对个人行为的约束。因此，学生的行为方式基本上是以“个性导向”为基础的，具有鲜明的“个性导向”的特征。而职业角色则截然不同。不论哪一行业的劳动者，他们从事的都是“共同劳动”，职业任务的完成都要依靠分工协作和集体的力量。同时，每个人都须按要求履行职业责任，其行为受到职业规范的严格约束。所以，从社会劳动的角度看，职业角色的行为方式是建立在团队合作和职业责任的基础之上的，体现了社会劳动对从业者的本质要求。正因为新旧角色的行为方式存在这样巨大的差异，角色的转换对每一个跨入职业行列的人来说都是一次前所未有的历练。

（三）学生角色具有较大惯性

这也是一个应该重视的问题。由于学生时代是一个较长的阶段，贯穿了从启蒙发轫到日渐成熟的整个教育成长过程，因此，学生时期形成的认识和习惯会在每个人的身上留下深深的印记。在你走上工作岗位之后，学生这一角色的许多特征并未就此消失，而是以较强的惯性进入了职业生活。普遍的情况是，你的身份虽然已经不是学生，但仍会不自觉地以学生的眼光观察问题，以学生的行为方式对待周围的人和事。这种惯性无疑也增加了适应职业角色的难度。

通过以上分析我们可以清楚地认识到，从学生角色转换为职业角色并不是一蹴而就的，必须付出一定的努力才能实现。因此，我们迫切需要增强角色转换的自觉性，在学习培训期间就积极主动地做好角色转换的准备，这样才能使自己以较高的起点进入新的角色。从广泛的意义上说，我们学习专业知识、掌握职业技能、提高职业意识等，都是为角色转变进行准备，这些方面的内容在本书前面各讲中已陆续作了介绍。下面我们就工作岗位适应中最基本、也是最经常性的问题——团队成员的合作问题，专门做一下阐述。

二、树立团队意识

两个饥饿者的选择

从前，有两个饥饿的人得到了一位长者的恩赐——一根钓竿和一篓鱼。他们一个要了鱼，一个要了渔竿，两人就分道扬镳了。得到鱼的人就在原地燃起篝火煮起了鱼，他狼吞虎咽，瞬间连鱼汤都被他吃个精光，不久他便饿死在空鱼篓旁。另一个得到钓竿的人则提着鱼竿继续忍饥挨饿，一步步艰难地向海边走去，可当他终于看到远处那片蔚蓝色的海洋时，最后的一点力气也用完了，只能带着无尽的遗憾撒手人间。

另外还有两个饥饿的人同样得到了长者的这两样东西，可他们并没有各奔东西，而是商定共同去找大海。他们每次只煮一条鱼充饥，经过长途跋涉，终于来到海边。从此，两人开始了以捕鱼为生的日子，几年后，他们盖起了房子，有了各自的家庭、有了自己建造的渔船，过上了幸福安康的生活。

这个故事给予我们的启迪是，人生的道路上离不开合作，其实合作有时也是生存之本。

（一）什么是团队意识

团队一般是指为达到共同目标而协同工作的集体。有多种关于团队的解释。管理学家罗宾斯认为，团队就是由两个或两个以上的，相互作用、相互依赖的个体，为了特定目标而按照一定规则结合在一起的组织。另一种解释认为，团队是由员工和管理层组成的共同体，该共同体每一个成员发挥自己的知识和技能，协同工作，解决问题，达到共同目标。在社会生产领域，人们为了强调行为特征，常常把班组、车间、研究室、工程队甚至整个企业、公司等也称为团队。

团队意识就是指团队成员为了团队利益和目标而相互协同、积极工作的意愿和态度。团队意识包括三个方面的含义。一是集体意识。当自己和同事组成了为集体利益而共同努力的团体，就有了共同的奋斗目标和一致的利益。这时，集体利益的实现就成为个人利益实现的前提。只有团队成功才有个人的成功，如果团队失败，个人的努力也就付诸东流。集体意识反映了一个人对于集体作用和价值的认知。二是合作意识。团队是一个有机的整体。在团队中，成员的关系必须是有效的合作关系，就如同生产过程中的工序，每一道工序都是连接上下工序的环节，任何工序偏离工艺要求都会影响整个生产过程。作为个人，只有完全融入团体这个整体之中，做好与他人的合作和配合，才能保障团体目标的实现，也才能最大限度地实现个人的价值。三是认同意识。这是指对所在团队的认同感。一个人选择了一个企业，一个团队，也就是选择了一种文化，就需要以这种认同的态度为团队的利益和目标努力奋斗。如果缺乏这种意识，就不可能真正做到与团队成员精诚团结，与企业兴衰荣辱与共。

总之，团队意识是一种重要的职业素养，也是用人单位尤其是现代企业衡量员工素质的一个重要方面。微软公司等著名跨国企业把它们最需要的人才定位在两个方面：一是能够与人合作，有团队精神、有亲和力；二是能够在自己工作中学习，能够解决实际问题。由此可以看出团队意识对于个人和企业具有多么不同寻常的意义。

人只有为自己同时代人的完善，为他们的幸福而工作，他才能达到自身的完善。

——（德）马克思

（二）培养团队意识的方法

以下介绍的要点既是养成团队意识的基本方法，也是每个人与团体基本成员相处中应该秉持的态度。我们在学习培训期间就应自觉地以这些精神要求自己，努力学会恰当处理与周围伙伴的关系，为今后成功融入工作团队做好准备。

1. 善于挖掘，优势互补

在一个团队中，每个成员的身上都会有闪光点，都值得他人去挖掘和学习。要善于发现每个工作伙伴的优点，以他人之长补自己之短。世上没有完美的个体，但通过人才合理搭配和优势互补，可以形成完美的团队。

团队意识强调的不仅仅是一般意义上的合作，而是表现为真诚地、快乐地投身于团队的合作之中。有时为了实现整体的和谐而甘愿充当配角，或者为团队的利益自觉放弃自己的局部利益。在团结协作中实现优势互补，可以为团队带来 1 + 1 > 2 的绩效，使团队的整体实力得到显著提升。

总之，团队的效率在于成员间相互配合的默契程度，而这种默契来自于团队成员的互相欣赏和熟悉——欣赏长处、熟悉短处，而只有在这个基础上才能真正相互取长补短，创造出协同效应。如果达不到这种默契，团队合作就不可能真正成功，团队成员的个人业绩也就无从谈起。

2. 听取意见，承担责任

责任，不仅意味着对本岗位的工作负责，对自己负责，更意味着对团队的工作负责、对团队成员负责。团队的荣誉、团队的利益，与团队每一个成员履行责任的情况都是息息相关的。一个称职的员工，既明白自己所承担的具体岗位职责，也明白所分担的整个团队的责任。有一个著名的“木桶”理论，说的是一个木桶最终的盛水量，不是由最长的那块木板决定的，而是取决于组成这个木桶的最短的一块木板。只有各块木板相对等长，才能使木桶盛的水最多。如果缺少了一块木板，其他所有木板的价值都将不复存在。“木桶”理论对于团队合作具有重要意义。它告诫我们，每个团队成员都应以高度的责任心完成自身的目标，而一旦成为“短板”，不仅给自己、也将给整个团队带来严重后果。

在美国的硅谷，有人做了一项调查，发现那些由“聪明人”组成的公司，只要是不注意培养团队成员的责任意识，大多数都失败了。由此可见，人生事业成功与否，企业能否发展壮大，与团队意识的作用密切相关。

善于听取他人意见是做好任何工作都不可缺少的条件。只有保持足够的谦虚，个人的工作才能得到大家的支持和认可；也只有保持足够的谦虚，才能使自己清醒地看到自己的缺点，从而促使自己在团队中不断进步。

3. 互相帮助，团结协作

每个人的工作中都需要他人的帮助和支持，同样也给予他人支持和帮助。为了更好地实现团队目标，团队成员应该真诚地互相帮助、团结协作，切不可出于私心和私利，吝于支持和帮助别人，那样的话，团队就会成为一盘散沙，成功的希望就很渺茫了。

走进团队的小陈

从中等职业技术学校钳工专业毕业的小陈，进入一家水泵厂当了一名模具钳工。上班后不久，工段长分配给他一件结构虽不复杂但加工精度要求较高的铸件模具加工任务。模具制造涉及车、钳、镗等多项技术，小陈在学校虽然也学过一些，但终究说不上精通。在加工一个较深的孔径时，刀具无论如何也“够不到”，形成了一个加工死角。小陈坐在自己的工作台前，左看右瞧，不知从何下手。他也不好意思问工段长和同事，因为觉得自己是职校优秀生，怕丢面子，怕被别人瞧不起。结果，小陈加工的这件模具没有通过检测。工段长对他说，你刚从学校出来，工作中会遇到许多新问题，这很正常，但一定要注意养成向同事虚心求教的习惯。你看，许多老师傅不仅技艺精湛，还会改造和自制刀具、磨具等加工工具，对他们来说，没有解决不了的加工死角。小陈听了工段长一席话，感到这次经历是他收获最大的一堂实践课。

其实，在一个团队中，得到别人的帮助和帮助别人都是很平常的事，不要怕别人笑话而把可以得到帮助的机会拒之门外。每个团队成员，遇到困难首先应想到与团队同事相互切磋，共同寻找解决的办法。不论困难有多大，团结协作都是实现团队目标的基础。

4. 理解体谅，尊重他人

团队是由不同的个体组成的。每一个团队成员都在为着共同的目标和利益而工作，其行为也同时受到职业分工、职业责任的约束，但每个人又都首先是有着自己的个性特点、行为习惯、追求自我发展的个体，都有被理解和被尊重的需要，不论其资历深浅、职位高低、能力强弱。

理解和尊重是团队成员在交往、合作时必须持有的一种态度。平等待人，和谐相处，尊重他人的自我个性，这是团队合作中应该达到的精神境界。尊重，还意味着尊重团队其他成员的工作习惯。或许你喜欢工作到半夜，但其他成员可能更喜欢按正常的作息时间工作。只有团队中的每一个成员都尊重彼此的人格和习惯，尊重彼此的意见和观点，尊重彼此的技术和能力，尊重彼此对团队的贡献，这个团队才会获得最大的发展优势，而这个团队中的成员也才会赢得最大的个人成功。

综上所述，培养团队意识，最核心的一点，就是培养良好的与人相处的心态和精神境界，这不仅是成功融入团队、获得职业成功的需要，其实也是获得快乐人生的重要方法。

世界上最宽阔的是海洋，比海洋更宽阔的是天空，而比天空更宽阔的则是人的心灵。

——（法）雨果

三、提高沟通能力

（一）什么是沟通能力

沟通能力是将自己的思想、观点、情感、意图等以适当的方式传递给对方，并使对方能够正确理解的能力，也包括正确理解对方的语言、心情、行为、态度等。

有的接受职业技能教育培训的青年认为，只要我好好学习专业知识，掌握职业技能，就有了进入职场的“通行证”，将来就能拥有一份好工作，至于与人沟通、交流、合作的能力并不重要。这样的认识是片面的。

沟通对于团队合作和个人发展是非常重要的。沟通是人与人之间相互理解的桥梁。成功的沟通不仅可以增进彼此之间的信任，克服相互交流的心理障碍，而且能够促进彼此之间的理解和认同，使相互关系更加融洽，合作更加顺利。提高包括沟通、交流、合作在内的任何职业和工作领域都需要的能力，将极大地有利于一个人的持续发展，使之终身受益。

在现代企业中，不仅重视员工之间的相互沟通，也十分重视管理者和员工之间的上、下沟通。现代管理理论认为，企业应做到关心员工、善于听取员工的意见和建议，充分发挥其聪明才智与积极性。企业发动员工对企业提出意见和建议，参与的员工越多，企业的凝聚力就越强。员工围绕企业发展问题进行的争议、争辩，是最有意义的沟通。它能够集思广益，从心灵上挖掘员工的内驱力，也为员工施展才华提供了舞台。沟通缩短了员工与管理者之间的距离，使员工能够充分发挥能动性，使企业发展获得强大的原动力。

这是一个竞争的年代，也是一个合作的年代。现代人都需要别人的帮助，人际沟通能力和交往能力在很大程度上决定了一个人的前途和发展。

——（美）比尔·盖茨

（二）人际沟通的要领

1. 宽容友善

宽容是与人沟通过程中最好的“润滑剂”，它能消除分歧和隔阂，使彼此能够拉近距离、互相包容、互敬互重，从而享受和谐相处的快乐。试想，在你与他人因为一些意见不同而发生争执时，若你不顾一切，言辞过激，即使过错在于对方，对方也有可能以同样的态度来回敬你。这样一来，冲突自然也就升级了。反之，若你能够理智地化解弥漫在心中的冲动情绪，以宽容的胸襟包容他，以友善的方式解决问题，相信你与他人之间的争执会变成友善的讨论。前美国总统威尔逊曾经说过，如果你握紧一双拳头来见我，我可以保证，我的拳头会握得比你更紧。如果你来找我说，我们坐下，好好商量，看看彼此相异的原因是什么，我们就会发现，彼此的距离并没有那么大。你也会发现，只要我们有彼此沟通的耐心、诚意和愿望，我们就能沟通。可见，仁厚、友善的方式更易于与人沟通。

宽容，并不代表软弱，在团队合作中它体现出的是一种豁达大度的胸襟。首先，团队成员要有较强的相容度，即能够宽厚容忍、为人谦和、心胸宽广，做到“严于律己，宽以待人”。其次，要善于换位思考，即应尽量站在对方的立场上，考量对方的意见、建议和感受，反思自己的态度和方法。原则问题应该坚持，非原则问题应当让步，学会“得理也让人。”

友善，就是对他人的尊重和关爱。这是道德社会能够形成一种强大的文化凝聚力的重要因素。在现代社会，待人友善越来越成为所有人的共识。待人友善，就应该使中华民族传统道德中的仁爱精神同社会主义道德倡导的诚信、团结、奉献精神，在新时代融会贯通，焕发出更绚丽的光彩。

友善追求的精神境界是人际间的亲善关系。提倡亲和与关爱，能够营造出和谐温暖的社会氛围。爱人者，人恒爱之；敬人者，人恒敬之。在如今经济快速发展的时代，我们更要学会关爱他人，诚信待人，用友爱和宽厚去催发和谐的人际关系。

2．良好表述

语言是沟通的主要方式。运用语言不只是一种技巧，也体现着一个人的修养。我们应注意培养自己良好的语言表述能力。

说话首先要注意对象和场合。如对长者或领导，说话用语要体现尊敬和尊重，而对同事或朋友，要更多地体现出友善和热情。在讨论工作的时候，语言应尽量朴实和严谨，而在生活场合，语言可以适当诙谐和轻松。

说话还要注意表述的技巧。谁都不愿意听那种言之无物、含混不清、拉杂冗长的谈话。与人交谈要意思明确，简洁明了，节奏适当，要用对方能够接受并理解的语言进行表述。

每个人都有缺点，正像每个人都有好处一样。如果你只注意别人的缺点，那你就会处处碰到敌人，把自己陷入孤立无援的灰黯中去。如果你多注意别人的好处，用同情和仁爱去影响别人，使他能看到自己的缺点，而慢慢改正，你就会处处碰到信赖你爱戴你的朋友；你的生活中就会充满了温暖、和平和快乐。

——（法）罗曼·罗兰

3．耐心倾听

人际交往需要倾听。倾听是对他人的一种尊重也是对他人的一种理解。在与他人谈话的时候，要注意倾听和询问对方的想法，让对方充分表达自己的愿望和意见。认真地倾听他人的诉说，时而给予适当的回应，会使交谈的人感受到心灵沟通，拉近彼此的距离。

虚心倾听别人的意见是自我修养的一门必修课。当别人提出相反的意见，特别是一些逆耳的意见时，一定要控制自己的情绪，心平气和地做一个专注的听者。这样，才能客观分析别人的意见，从中取其精、去其粕，从而改进自己的言行。

4. 真诚赞美

赞美是对他人的肯定，真诚的赞美可以使对方感受到你对他的尊重。在现实生活中，有些人常常吝于对他人的赞美。他们或者认为对他人的赞美就意味着对自己的否定，或者认为别人能做到的自己也能做到，不值得赞美……其实，人和人之间就像相互照镜子。对他人的赞美是你的镜子中映照出的他人的美好形象，对你的赞美是他人镜子中映照出的你的美好形象，这是人世间一幅美丽的图画。

赞美交流的是真诚。有时一句赞扬可以使人铭记终生。赞美他人应是发自内心的、真实的情感，而不是虚情假意的客套。只有真实、质朴的赞美才能让他人感到真诚和友善。

使一个人发挥更大动力的方法是赞赏和鼓励，真诚的赞扬是人际沟通的润滑剂。

——（美）戴尔·卡耐基

5. 保持微笑

有人将微笑比喻为“世界语”。微笑可以给自己带来自信，从而赢得他人的喜爱；微笑也可以带给他人愉快的心情，从而化解一切矛盾。微笑具有神奇的力量，能够让我们的生活更加和谐美好。

保持微笑不是要故意做作。微笑来自于乐观愉悦的心态。诚然，每个人的生活中都会遇到这样那样的烦恼，但要学会心理的自我调控。只有拥有积极健康的心理，人的情绪才能稳定而愉快，发自内心的微笑才会油然而生。

微笑的力量

一天，布恩去拜访一位客户，结果很可惜，他们没有达成协议。布恩很苦恼，回来后把这件事情告诉了经理。经理耐心地听完布恩的讲述，沉默了一会儿，说："你不妨再去一次，但要调整好自己的心态，要时刻微笑，用你的微笑打动对方，这样他就能看出你的诚意来了。"

布恩试着去做了。他努力将自己表现得很快乐、很真诚，微笑一直洋溢在他的脸上。结果对方真的被布恩的微笑感染了，他们愉快地签订了协议。

现在，布恩总会在每天早晨洗漱时对着镜子微笑，脸上的愁容一扫而空。走出家门他微笑着对电梯管理员道早安，微笑着和大楼门口的警卫打招呼，走进公司他微笑着面对所有的同事和客户……布恩很快发现别人也开始对他报以微笑。一段时间之后，微笑使他的工作业绩也好起来了。

布恩记住了生活的一个要领，就是用微笑面对一切。其实微笑对每个人都有神奇的力量，当你用微笑去打动别人时，微笑便可以给你带来温馨、友谊和幸福。

1．为什么说从学生角色转换为职业角色，需要付出一定的努力才能实现？想一想自己应该从哪些方面做好角色转变的准备？

2．现代企业为什么都十分重视员工的团队意识？如果现在让你融入一个工作集体，你觉得自己会存在哪些不适应？你应如何应对？

3．你善于和他人沟通吗？在人际沟通方面，你有哪些成功的经验？还有哪些不足？

第七讲　酝酿自主创业

创业是就业的一条主要途径。劳动者自主创业不仅可以解决自己的就业问题，还可以为社会创造就业岗位。党的十七大明确提出“以创业带动就业”的要求，创业将成为更积极活跃和更具发展空间的就业形式。我们接受劳动预备制教育培训的青年也应把酝酿创业作为就业准备的一项内容。

开发“左撇子用品”市场

你见过“左撇子用品商店”吗？

左撇子用品是专门为习惯于用左手做事的人设计的用品。在国外，左撇子用品的生产和销售已有很长历史，有专门的生产厂家，有专业的营销公司，业务遍及各个国家。而在国内，左撇子用品生产企业屈指可数，左撇子商品市场基本上是一个空白。

其实，在世界人口中，左撇子是一个数量很大的群体。资料显示，左撇子约占总人口的6%～9%，我国就有800多万人。更令人惊异的是，在世界名人中，左撇子可谓群星灿烂。意大利文艺复兴时期最负盛名的艺术大师达·芬奇，法国第三帝国皇帝拿破仑，大科学家爱因斯坦、牛顿、居里夫人，微软创始人比尔·盖茨，现任美国总统奥巴马，都是左撇子。

一个人惯用左手或右手是与生俱来的，很难改变。但大多生活用品都是为右手习惯的人设计的，因此，左撇子用品是一个潜力很大的市场。据说，在国外，从左撇子剪刀等一般用品到左撇子高尔夫球杆等高端产品，销路都很旺盛。

现在，我国一些创业者已注意到左撇子用品这一等待开发的市场，左撇子用品的生产和销售开始起步，这是一个良好的商机。

点评

开发左撇子用品市场不算是一个新的创意，但却是一个独到的经营视角。看起来左撇子用品面对的是一个特定的群体，但它的市场定位更精准，目标客户更明确，因此可以赢得在传统市场中难以形成的优势。这种经营思路值得创业者参考和借鉴。

一、正确认识创业

人们通常在就业活动中所说的创业，是指劳动者通过自筹资金创办生产服务项目、企业或从事个体经营的就业实践过程。与受职于企事业单位的情况不同，创业是创办自己的事业。因此，无论对于自己和社会，创业的意义都不同于一般的就业。

（一）创业为提升职业能力提供更广阔的空间

创业是一项创造性的活动，是与艰辛和探索相伴的过程。对于任何人的职业能力来说都是一次挑战。不论你创办一个企业或一个生产经营项目，你会发现，它不仅需要相应的专业知识和技能，而且需要一定的方法能力和社会能力，如捕捉和处理市场信息的能力、分析决策能力、组织管理能力、人际交往能力、适应变化和承受挫折的能力等。也就是说，与受聘于一个单位相比，创业更需要综合的职业能力。在创业之前，有的人在这些方面已显露出较有优势，有的人则可能只是具备一定的潜能。但无论如何，你都会在创业过程中经受前所未有的磨炼。即使你是创办一个微型企业，你也需要从学习开办企业做起，如形成未来企业的构想，筹措所需资金，办理注册登记等。然后是组织产品生产、开拓销售渠道、进行经济核算。如果雇用了几名员工，还有对员工进行组织管理等。创业过程给你提供了全面学习和提高职业能力的广阔空间，如同在与江河的风浪搏击中学习游泳一样，在创业的实践中你也必将很快增强自己的才干。

（二）创业为实现人生理想开拓更具自主优势的途径

当想到自己的人生理想的时候，你的头脑中可能闪现出多种亮丽的前景。你或许将这些多彩多姿的憧憬和受聘于一个理想的单位结合在一起，把那里作为你发挥才干和成就事业的舞台。这样的想法无疑是正确的。可是事情总有另一面。如果你是一个自主意识较强的人，向往着开创属于自己的事业，那么，当你选择了受聘于某一个单位工作的时候，你也会感受到来自职业环境的束缚。因为，你的职业能力和创造精神的发挥，必须首先服从单位事业发展的需要。如果换一个角度思考，当你根据自身特点选择了创业的道路，你就有了更充分的自主性，可以按照自己的意愿选择创业项目，按照自己的构想运作你的企业，从而一步一步实现你的理想目标。因此，可以说，创业为实现人生理想开拓了更具自主优势的途径。

（三）创业为奉献社会注入更丰富的内涵

创业不仅为社会创造财富，创业还极大地拓展了社会生产领域，促进了市场的竞争，推动了技术创新。改革开放以来涌现出的遍布城乡的中小企业，许多都是创业者根据市场需要开办起来的，有些已经发展成为知名的民营企业，打造出国际知名品牌。

创业还是缓解社会就业压力的一个有效办法。创业不仅能够解决劳动者自身的就业问题，而且能够创造出新的就业岗位，带动更多的人实现就业，人们把这种积极作用称为就业的“倍增效应”。

可见，创业者们的创业活动，对于经济和社会发展具有更深刻的意义，为个人奉献社会注入了更丰富的内涵。

二、树立创业意识

一个人能否选择并最终走上创业道路，受到诸多内在和外在因素的影响，而是否具备创业意识是其中的关键。创业意识包括创业愿望、创业动机、创业理想等要素，它们影响和支配着劳动者对创业活动的态度和行为，是一个人走上创业道路的基本动因和前提。

（一）创业愿望

指创业者对创业活动的兴趣和向往。这种初始的职业倾向，推动个人对创业活动予以更多关注，进而产生创业的动机。

（二）创业动机

指思考和选择创业道路的目的和动因。动机是促使一个人走进创业生活的内在推动力。只有树立正确的创业动机，才能真正燃起对创业活动的激情，义无反顾地面对各种困难和挑战。

（三）创业理想

指创业者对创业活动的目标和前景的构想。创业理想集中反映了一个人的创业信念和目标追求，是创业意识的核心，也是创业者投身创业实践的精神支柱。

注意培养自己的创业意识，在选择就业道路时将有助于你突破传统思维模式的束缚，促使你作出从事创业活动的抉择。创业意识的树立可能成为你开拓辉煌的职业生涯之路的起点。

“格子铺”的风潮

当前，一种称为“格子铺”的店铺在一些校园里出现，吸引了人们的眼球。所谓“格子铺”，顾名思义，就是将一间店铺分成几十个甚至上百个“格子柜”，将这些格子出租给不同的“格主”，出租者收取租金，“格主”们将自己的商品放在格子里售卖。不过无须自己经营，有专人代为销售管理。这种经营模式最早出现在日本，以后传至香港，现在这股风潮又刮到北京、上海、广州等地。

图 8　“格子铺”

校园里的“格主铺”，“格主”们基本是在校的学生。格子里的商品有的是学生自己“淘”来的，有的是外出旅行带回来的，还有的则是自己制作的手工艺品等。比起一般店铺来，这里的商品琳琅满目，风情万种。但是，格子里商品的销售情况却大有区别，有的卖到了断货，有的则生意清冷。占据“最佳位置”，推出有吸引力的商品，成为“格子铺”经营中的竞争要素。学生们在这里品尝着市场竞争的滋味，也焕发着自己的创意和想象力。

点评

有的专家说，“格子铺”的经营模式为学生们开了一门“模拟创业”的实践课，这是很有道理的。对于每一位学生来说，加盟“格子铺”，都相当于一次小型的创业。在这里可以体会到什么是“经营”，可以增长创业的知识和才干。同学们如果有兴趣和条件，不妨也试一试。

三、分析创业条件

创业同从事任何经济社会活动一样，都需要具备一定的主、客观条件，即创业者个人自身的内在条件和外部条件。

（一）内在条件

内在条件是指创业者个人自身的品质，包括意识、观念、知识、技能等。

1．思想、观念方面

首要的是具备良好的创业意识，我们在上面已讲过。除此之外，创业者还需具备必要的市场知识、风险意识和责任意识。在现代社会，创业离不开市场环境，创业活动是走进市场和参与市场竞争的过程。竞争是市场经济最重要的特征之一。如果创业者缺乏市场意识和竞争意识，最终只能一事无成。同时，创业过程要面对各种困难和风险，有可能在挫折中付出代价，创业者也要具有承担风险的意识和勇气。

创业不仅是对个人职业道路的一种抉择，也同时选择了为社会作出贡献的途径。因此，创业者在解决个人生存和发展问题的同时，也承担着社会责任和义务。这是创业者应该具备的责任感和使命感。

2．知识、能力方面

专业知识和技能对于创业者至关重要。利用自己的专业知识和技能创业，有利于发挥自身优势，有利于准确把握市场信息和正确作出决策，增强企业或经营项目在市场竞争中的主动性。

创业者除需要相应的知识和技能，还需要具备综合的职业能力。这方面不仅应重视分析决策、组织管理和人际交往能力等，还应特别重视创新能力。创业活动具有突出的创造性特征。创业者要勇于打破自己的思维定式，不拘泥于现成的东西，学习从新的角度提出和思考问题，培养起自己的创新意识和创新能力。

（二）外部条件

创业的外部条件是相对创业者自身的内在条件而言。包括创业所需的资金、场所、人脉资源、市场形势、竞争对手状况等。这些外部条件对于创业项目的启动和发展也是十分重要的，创业者要积极创造和把握。在这方面要注意充分利用国家鼓励和支持创业的优惠政策，如小额担保贷款和财政贴息政策、税费减免政策、场地安排扶持政策等。

不论开创任何事业，尽管外部条件不可或缺，但人的内在条件任何时候都是主导的因素。创业的成败归根结底取决于创业者自身。对于酝酿自主创业的青年来说，对创业条件的分析应主要集中在自身内在条件上。要仔细思考自己在意识、观念、知识、能力方面哪些是强项，哪些是弱项，尤其要充分看到自己的长处。请不要忽略年轻人最大的优势是年龄的优势。因为年轻，所以朝气蓬勃，充满激情和理想。因为年轻，善于接受新事物，可以很快将自己的弱项转化为强项。相信有创业理想的青年充分发挥自己的优势，一定能够在创业道路上取得成功。

四、了解创业流程

从事创业活动要对创办企业或设立经营项目的流程有一个基本的了解。整个创业流程大体可以分为四个步骤。

（一）市场调研评估

主要是围绕拟选择的创业项目了解市场情况，收集、整理和分析相关信息资料，对项目的可行性进行论证。市场调研的内容应尽量全面一些，包括产品或服务的需求情况、市场竞争态势和竞争对手情况、原材料供应和人力资源情况、项目的效益和发展前景等。掌握了这些方面的信息并进行综合分析之后，就可以对拟选的创业项目是否可行作出评估，从而明了这个项目有多大成功机会，是否应该决定创办。

（二）拟订项目方案

这项工作实质就是绘制一幅所要创办企业或经营项目的蓝图。

项目方案首先要明确这个创业项目所选择的形式。适合青年创业者选择的创业形式大体可以归纳为两类：一是通常形态的企业。一般小型企业的法律形态有个体工商户、个人独资企业、合伙企业和有限责任公司等。二是其他更灵活的形式。目前常见的有：网络商店、加盟经营、委托销售、居家创业等。

项目方案还要对企业或经营项目的运行作出设计和预测。如企业将要销售的产品或服务，未来企业的主要顾客群体，企业的市场营销计划，企业的销售收入、成本、利润等。

项目方案的这些内容是对未来企业的轮廓构想。完成了项目方案，就有了一套完整的创业计划书。

（三）做好开业准备

实施创业计划是一项系统工程。哪怕开办一家小型企业，也有千头万绪的事情要做，开业前要细微地做好准备。

下面是几个重点环节：

一是筹集落实启动资金。要根据固定资产投资和流动资金需求，做出精打细算的预测。可以利用个人或家庭的储蓄，也可向亲友拆借一部分。如果仍然不足，可按政策规定向银行申请贷款。

二是选择确定营业地点。要考虑是否符合生产经营需要，如果是商业零售企业，应设在离顾客群体较近的地方，还要考虑租金或购买价格是否合适等。

三是办理企业登记注册手续。开办企业，必须经工商行政管理部门核准登记，发给营业执照，才具有合法经营地位。相应的还要进行税务登记等。办理这些手续并不复杂，有些地方开展“一站式”服务，更加方便快捷。

四是组织生产经营。企业类型不同，生产经营业务有很大差异，但都会不同程度地涉及人员管理、生产管理、营销管理、财务管理等方面，每天都会有新的问题出现。创业者不要怕工作繁重，要结合自己企业的实际学习和更新管理知识，不断丰富管理经验。

1. 你想过将来自主创业吗？现在请静下心来分析一下，如果你选择创业道路，你所具备的内在条件有哪些？

2. 搞一次认识创业的活动。班级同学分头搜集一下本地的创业信息，然后由几个同学进行汇总，梳理出当前最热络的创业形式。根据梳理的结果组织一次讨论会，议论一下这些创业形式为什么受到追捧？

下篇
跨过求职之门

准备就业的年轻人，除决定自主创业者外，多数都要面对横亘在就业路途上的一道关口——进入职业殿堂必须的一座大门——“求职之门”。它的后面，就是我们向往已久的职业生活。你能顺利地跨过这道大门吗？这里需要的，除了必需具备的素质、知识和能力，还有恰当的求职方法和技巧。

第八讲　获取就业信息

现代社会是一个信息高度发达的社会。信息作为一种资源和手段，在广泛领域发挥着越来越重要的作用。就业领域也是如此，获取和利用就业信息成为就业活动中备受重视的环节。

陈思立的成功

陈思立家在农村，为了能早一点在经济上帮助父母，他报考了本县职业学校，学习机械制造专业。经过两年的学习，他不仅掌握了车工技能，钳工技术掌握得也不错。

为了能顺利实现就业，陈思立半年前就开始搜集本地机械制造企业的招聘信息。他十分留意报纸、电视、电台的招聘广告，还经常通过网站查询，建立了自己的就业信息档案，逐步对本地机械制造企业的用人需求有了全面的了解。

陈思立还重点收集了本地发展较快的几家制造企业的概况、招聘条件、工种需求等的信息。他尤其注意本县经济技术开发区一家合资的汽车轮毂厂。这家企业在金融危机造成许多困难的情况下仍然保持良好的上升势头，成为本地企业的一颗新星。

今年7月，这家轮毂厂发出新的招聘广告，陈思立第一时间捕捉到这个信息，并立即寄出早已准备好的自荐材料。很快，陈思立收到了面试通知。招聘人员不仅对陈思立的专业知识和技能感到满意，而且非常欣赏他对本企业情况的详细了解。陈思立在众多面试者中脱颖而出，成功地走上了自己理想的工作岗位。

注意掌握就业信息使陈思立在求职中取得了主动。在就业市场上，多一些信息就多一些选择的目标，多一些主动。知识和技能是陈思立顺利就业的基础，就业信息给陈思立提供了成功的机会。

在掌握就业信息的方法上，陈思立把一般和重点相结合，把社会需求和个人意愿相结合，也值得求职者借鉴。

一、就业信息的内容和作用

（一）就业信息的内容

就业信息是指与自己选择职业和就业岗位有关的消息和情况。从求职者需要的角度，就业信息大体可以分为社会宏观信息和用人单位信息两类。

1. 社会宏观信息

就业不是孤立的社会现象，它与经济社会发展、劳动力供求状况、就业政策等都有着紧密的联系。宏观就业信息是求职者确定职业方向和选择就业岗位的重要参考。宏观就业信息的内容主要包括：

（1）就业形势。即国家和地区经济社会发展状况和就业市场总体格局。当前和今后一个时期，我国就业形势总体上是较为严峻的。但应注意，不同地区、不同行业的就业状况仍有较大差异，尤其在新兴的经济技术领域，存在较多结构性就业机会。

（2）就业政策。政府通过发展经济、调整经济结构开发就业岗位的政策，通过贷款、税收等优惠措施改善劳动者就业条件的政策等，既是对劳动力供求的调整，也体现了对劳动力流动的引导。劳动者应把这方面的信息作为考虑自己就业方向的重要参考。

（3）市场需求。劳动力市场对各类劳动者的需求是不断变化的，不论是总体就业形势较为严峻还是较为和缓，市场对不同类别、不同层次、不同素质的劳动者总有不同的需求。求职者一定要用动态的眼光观察就业领域，捕捉适合于自己的就业机会。

2. 用人单位信息

主要内容有：

（1）用人单位基本情况。包括用人单位的准确名称、所有制性质、隶属关系，以及生产经营状况、发展前景等。目前，各种名称的公司让人眼花缭乱，同一名称的企业，既有总公司，又有分公司，既有有限责任公司，又有股份制公司，名实不符者也不鲜见。求职者要细心比较，认真对待。

（2）需求岗位的工作条件。包括工作地点、工作环境、工作场所、工作职责、工作时间等。

（3）招聘的具体要求。包括年龄、性别、学历、专业、职业资格、身体素质，以及各类岗位的招聘人数等。

（4）招聘单位的薪酬待遇。包括工资、奖金、福利，以及医疗、养老、工伤等社会保险待遇。

（5）报名与联系办法。包括报名的时间、地点、方式、应准备的证件和材料，以及联系电话、通信地址、电子邮箱和邮政编码等。

（二）就业信息的作用

在职场上人们常说，就业成功的人首先是善于获取就业信息的人。不论是确立职业目标还是选择具体的就业岗位，就业信息都在其中发挥着重要作用。我们可以从以下几个视角来看：

1. 选择职业的重要依据

职业的选择不能脱离社会的需求。就业信息是确立职业目标的重要依据，是决策的前提条件之一。求职者只有掌握大量的就业信息，其视野才能更加开阔，方向才能更加明确，从而比较稳妥地确立自己的职业目标，避免在不明需求的情况下盲目地选择。

2. 调整自我的重要参考

就业信息既反映了地区、行业、职业对劳动力数量的需求，也反映了对各类劳动者知识、能力、素质的需求。这两种需求尤其是后者，往往代表着一定时期的趋势，是求职者调整自我的重要参考。求职者要审时度势，恰当调整自己的职业方向和学习内容，以获得更多的就业机会。

3. 赢得竞争主动的重要条件

在就业市场上，谁掌握更多而有效的信息，谁就能在择业中赢得更多主动权，从而占据竞争的优势地位。如果掌握的就业信息很少，与拥有大量信息资源的竞争者相比明显处于劣势，自己就会陷于被动的地位。从一定的意义上说，求职竞争也是掌握就业信息的竞争。

4．求职成功的重要基础

一条用人单位的信息可能意味着一次就业机会。求职者掌握的用人单位的信息数量越多，选择适合自己的工作岗位的范围就越宽；掌握的用人单位的信息越准确及时，求职成功的概率就越大。根据自己的需要有计划地占有丰富、有效的就业信息，是求职者寻求就业岗位时的一项重要的基础工作。

二、就业信息的收集

（一）收集就业信息的原则

收集就业信息应把握以下主要原则：

1．真实性原则

由于就业信息来源和传播渠道较为复杂，社会上各种就业信息的准确真实程度差别较大。虚假的、不准确的信息会形成对求职者的误导，造成判断和决策的失误，贻误就业时机，浪费时间和精力。因此，面对纷繁的就业信息头脑一定要保持清醒，注意核实信息的真实性。

2．适用性原则

目前人力资源市场蓬勃发展，不同门类、不同层次的就业信息十分丰富。求职者收集就业信息时，要十分注意各类信息的适用性。即着重根据自己的需求有选择地收集有关信息。例如，你不想远离家乡到外地就业，那么即使外地有同你的专业相符的招聘信息，你只需要一般的了解就可以了，而应重点收集本地区相关单位的招聘信息。盲目地、无针对性地收集信息，也会造成时间和精力上的浪费。

3．时效性原则

就业信息的时效性较强，它常常只是在一定的时间内有效。尤其是用人单位的招聘信息，规定的时间一般较短，超过了时限就没有价值了。因此，收集就业信息一定要注意信息的有效时间，看招聘时间对自己是否合适。

（二）收集就业信息的渠道

收集就业信息的一般渠道有：

1. 政府部门和公共就业服务机构

政府就业主管部门及其设立的公共就业服务机构，把建立就业信息发布制度作为加强就业服务的重要内容。目前这项工作发展迅速，各地就业部门和公共就业服务机构以各种方式为劳动者提供人力资源状况信息，职业岗位供求信息、劳动保障政策信息、市场工资指导价位、职业培训信息、用人单位招聘信息等，许多城市建立了就业服务信息网站。政府部门在获得就业信息上具有自身优势，发布的信息准确可靠，更新及时，受到社会各界普遍重视。

2. 人力资源市场

这里说的人力资源市场是指目前各地的劳动力市场、人才市场、高校和职校毕业生市场，以及各类职业中介机构的服务市场等。人力资源市场为用人单位招聘人员和求职者寻找就业岗位提供服务，集中的用人单位多，就业信息量大面广，而且常有用人单位在现场发放资料和解答询问，是求职者青睐的信息渠道。

3. 学校或培训单位就业指导机构

目前，一般学校或培训单位都设有主管毕业生就业工作的学生科、就业指导办公室或就业指导中心，它们与上级教育人事主管部门、社会各界以及用人单位均保持密切的联系，而且经过多年的就业工作协作配合，建立起良好、稳定的关系。学校就业指导机构搜集用人单位的人员需求信息准确及时，推荐就业的成功率高，是直接针对本校毕业生的就业信息渠道。

4. 就业招聘会

每年各地都要定期、不定期地举办多场就业招聘会，每场一般都会有数十个单位到会招聘。招聘会具有专业范围广、需求人数多、应聘人员多和选择余地大等优势。择业者应抓住这一机会，集中一定时间到招聘会上收集就业信息和选择工作单位。

5. 传媒和网络

报纸、杂志、电视、电台等新闻媒体信息量大，覆盖面广，提供的就业信息和择业机会很多。网络信息和网络求职以现代科技手段为依托，对于择业者来说，还具有成本低、信息快、可与用人单位直接联系、互动的优势，是一种非常便捷的信息沟通方式。

6. 社会关系

社会生活中人际关系无处不在，每个人都生活在同学、同事、亲戚、朋友之中，这些同学、同事、朋友也有各自的社会关系，形成传递信息的重要渠道。择业者应充分利用这种“社会关系网络”，获取就业信息和谋求工作机会。事实上，许多人都是通过家人、朋友、亲戚、同学或其他相识者而找到工作的。

全国部分就业网站

网站名称	网　址
中国国家人才网	http：//www. newjobs. com. cn
中国人力资源市场网	http：//www. chrm. gov. cn
中国人才热线	http：//www. cjol. com
中国求职指南网	http：//www. hao86. com
中国劳动力市场网	http：//www. lm. gov. cn
中华英才网	http：//www. chinahr. com
智联招聘网	http：//www. zhaopin. com
前程无忧求职网	http：//www. 51job. com
应届生求职网	http：//www. yingjiesheng. com

三、就业信息的整理、分析和使用

（一）整理信息

就业信息不仅包括用人单位的需求信息，而且还包括关于就业形势和方针政策等。有的是与选择职业有关，有的是与调整自我有关，有的则是与具体的就业机会有关。而对诸多信息，首先要进行认真整理。信息整理所要完成的工作有三项：其一是对初始信息进行去粗取精的筛选，滤掉不准确、不适用或已失去时效的信息；其二是对经过筛选的信息加以分类、归纳和做必要的统计，以便进行分析；其三是把这些信息集中输入电脑储存起来，以备延时使用。信息整理要力求及时、准确、实用和经济。

（二）分析信息

一是要对就业信息的可靠程度进行分析。信息来自不同的渠道，要把那些从“小道”得来的或几经转手而未经证实的信息与有根有据的信息区别开来。一般来说，从政府就业主管部门、公共业务机构、学校和培训单位就业指导机构获得的信息可信度比较高，可以作为自己择业的参考依据，应多予以重视。由其他渠道获取的信息，因受多种因素影响，需要进一步加以核实，才能判断其可靠程度。

二是要对信息的适用性进行分析。看这些信息能否为己所用。不仅要看自己所获得的信息是否在政策允许的范围内，信息中反映的用人单位对人员的素质要求与自己是否相适应，而且要看自己所学的专业知识、技术能力、具备的特长等能否在该单位或该岗位上发挥作用，自己是否具有竞争优势。别人认为好的信息未必适合自己，关键要看主观条件能否与客观需求相符合。

三是要对信息的内涵进行分析。要根据已获得的信息，对用人单位所需人才的具体要求、用人单位的性质、企业规模、经营范围、发展前景、地理环境、待遇条件等进行分析，以便对自己有意选择的职位或岗位有更深入的了解。

（三）使用信息

就业信息主要用于选择职业和求职两个方面。如果是前者，可结合前面第五讲的内容对就业信息加以使用。如果是后者，在认真整理和分析信息的基础上，求职者就要主动、及时地与信息发布者联系，反馈自己的信息，询问应试的时间、地点和具体要求，准备好求职材料，如果可能，还应争取与用人单位见面，从而通过双向选择达成择业意向或签订就业协议。

招聘广告中的陷阱

买几份报纸，这是众多求职者获得就业信息最简单的办法。如果盲目相信报纸上的招聘广告，恐怕就有上当的可能。因为招聘广告中陷阱不少。仅举几种：

其一，提高待遇，诱人入套。这类招聘广告大多招募各种业务员、促销员，广告上的薪水往往说得很高，然而一旦为之所动，真的去应聘，才会发现事实与想象相距甚远。招聘单位常常找出应聘者的种种不足之处，然后以各种理由来压低薪水，而且会劝告应聘者："慢慢来，以后待遇会一步步好起来的。"然而"以后"有多久，却无人知晓。

其二，谎报职务，吸引应聘。有的公司声称招聘经理助理、高级主管等，实质上却只不过是普通工作人员而已。对此，招聘者却煞有介事地说，工作要从最初级入手。

其三，含糊其辞，另有图谋。这类广告一般都不会注明所需人员要从事何种工作，也不对应聘者提出任何条件。仅从广告上看，几乎每个人都可以胜任。但事实上，真的去应聘，才会发现很多意想不到的要求。例如，某一画室招聘普通工人，无任何条件，专、兼职均可。应聘者在前去应试后方被告知，想要从事这份工作，必须先交学费学会某项技术才行。其所谓"招聘广告"实际与"招生广告"无异。

其四，声称用工单位，实为变相中介。一些招聘广告上丝毫不提中介的名字，声称自己为某用工单位，罗列出一堆岗位名称招揽求职者。实际上，这是不良中介以交纳报名费等名目收取佣金。

1. 为什么人们常说"就业成功的人首先是善于获取就业信息的人"？你对这种说法如何理解？

2. "博学之，审问之，慎思之，明辨之，笃行之。"——《礼记·中庸》

请你查一下字典，准确解释"博""审""慎""明""笃"这五个字的意义，然后将这句话用白话文写出来，再想一想它对搜集和使用信息有什么帮助。

3. 做一次搜集和分析就业信息的练习。根据你所学专业和希望从事的职业、工作，搜集相关的招聘信息，然后进行整理和分析，看看这些信息是否适合自己。

第九讲　写好自荐材料

大家都知道求职需要撰写求职简历与求职信，但是未必清楚知道它们的作用究竟有多大。我们一起看看下面这则小故事，它或许可以引领大家进一步思考。

法拉第的求职信

全球知名的大科学家法拉第，1791 年 7 月 22 日出生于英国。父亲是一位制铁的工人。法拉第小的时候，在父亲的教导下，学习简单的加减乘除法的计算，13 岁就到一家书店学习订书，成为一名订书匠。7 年的订书生涯中，法拉第阅读了许多电学方面的书籍，学习书中科学家们的理论。同时，他对化学实验也深感兴趣，经常省下零用钱去买一些简单廉价的仪器，照着书中的说明去做实验。他要为贫穷的没有进学校念过书的自己闯出一条崭新的人生道路。

图 9　法拉第

当时 23 岁的英国著名化学家戴维已被聘为英国皇家化学学院主讲。法拉第特别崇拜戴维，渴望能当上戴维的助手。

1813 年，法拉第冒昧地寄给戴维一封信——一份整理好的自己旁听戴维演讲的记录，以表示自己对科学的热爱和求师的诚意。当时他只是想碰碰运气，谁知戴维很快就回了信，并约法拉第面谈。因为戴维从法拉第整理的记录中看出这个青年很有前途，并且被他的诚意所感动。见面后，戴维毅然决定请法拉第做自己的助理，把他安排在皇家化学学院实验室工作。随后，法拉第随戴维前往欧洲各研究所参观研究两年。1821年，法拉第成为英国皇家化学学院的监管。

点评

法拉第最终成为英国的物理学家和化学家，成为科学界公认的作出杰出贡献的大科学家。这固然得益于戴维这位独具慧眼的“伯乐”，也得益于法拉第那封写给戴维的别具一格的“求职信”。若不是有这样一封求职信，科学史上也许就不会留下法拉第的名字了。

在现代社会，在人力资源市场日趋发达的情况下，求职简历与求职信在求职过程中依旧发挥着举足轻重的作用，扮演着人们称为“敲门砖”的角色，直接影响着求职的效果。

一、撰写求职简历

1. 简历的格式

求职简历的格式是灵活多样的，大体有以下几类。

（1）完全表格式。表格式简历的优点是可分类纳入多种资料信息，一目了然，易于阅读。年轻、缺乏工作经历的求职者，简历中着重介绍的是诸如所学课程、课外活动、业余爱好和临时工作等信息，选择这一格式比较适合。

（2）半文章式。半文章式简历是文字表述和表格说明交互使用的格式。文字表述的繁简和表格的设计随求职者的主攻目标和具体条件而变化。这种格式的简历对工作资历丰富的求职者较为适用。

（3）小册子式。小册子式简历是一种整理成册的简历，通常是多页的、半文章的格式。其主要优点是可以提供给用人单位内容详细、分类清楚的资料信息，而且可以制作得较为精美，容易引起用人单位的注意。小册子式简历中可包含一份专门设计的求职信。

2. 简历的主要内容

简历是求职者向用人单位介绍自己的基本情况和学习背景、成长经历、技能、经验、求职意向等的说明书，一般包括如下内容：

（1）个人基本情况。包括姓名、性别、年龄、籍贯、政治面貌、健康状况、学校和专业等基本信息，以及个性、爱好、特长等，还要有详细通信地址、联系方式等。

（2）学业情况。包括学习经历和专业学习情况，具体学习课程和考试成绩，专业技能达到的水平，参加实习和社会实践的情况，考取的专业资格证书等。

（3）个人特长。包括专业和其他特长，如专业学习中的突出的设计或技术革新成果，技能操作竞赛中获得的奖项，计算机或英语等级考试取得的资格，以及个人在担任学校和班级职务中展现的组织协调能力等。

（4）求职意向。包括自己的职业目标、发展愿望、希望获得的工种或岗位等。

3．撰写简历的基本要求

简历是求职者向用人单位介绍和推荐自己的“说明书”。对于用人单位来说，简历是考查求职者的初始材料，通过简历得到求职者的“第一印象”。因此，撰写求职简历一定要精心，从内容到形式都要力求给招聘者留下良好的印象。应遵循的基本要求是：

（1）内容真实。这是最重要、最基本的要求。有一些求职者，为了给用人单位留下一个好的印象，不惜在自己的简历中弄虚作假，如提供假成绩、假证书等。这样做危害极大，一旦被发现，整个求职准备就前功尽弃了。

（2）重点明确。撰写简历一定要重点明确。对于不同的企业、不同的职位、不同的要求，择业者应当事先进行必要的分析，有针对性地设计简历内容。盲目地将一份标准简历大量复印、寄送，效果会大打折扣。择业者应根据企业和职位的要求，恰当地突出自己的优势，这样可以给人留下鲜明深刻的印象。

（3）态度诚恳。在撰写简历的过程中，诚恳是必须掌握的原则。要以诚恳的态度和语言表明自己的求职愿望和奋斗目标。求职者对自己的岗位和职业有长期、明确、稳定的追求，更易被用人单位赏识和作为选聘的对象。

（4）突出技能。技能是求职的关键因素，因此简历中要写明所有与求职有关的技能，包括专业技能之外的才干。叙述这部分要针对求职的目标，使该项内容给求职带来直接的帮助。应注意的是，不要以一般的专业经历的叙述代替技能的介绍，要切切实实地对自己掌握的技能加以总结和概括。

（5）评价客观。简历中通常都会涉及对自己的评价，应当力求客观公正。整份简历中所表现出的语气，要做到八个字——诚恳、谦虚、自信、礼貌。

（6）制作精美。一份优秀的简历，除了满足以上对内容方面的要求之外，精良的设计也是一个非常重要的因素。段落不要过长，字体大小适中，排版疏密得当，封面端庄美观。建议使用计算机打印文稿。如果字写得不错，不妨再附上一篇工整漂亮、内容简洁的手写求职信，效果会更好。

二、撰写求职信

写求职信的最直接目标在于争取面试的机会。求职信和求职简历一样，都是用来把自己"推销"出去的一种函件。多数情况下，招聘单位只有在阅读过求职者的求职信和个人简历之后，才会决定是否让其参加面试。

（一）求职信的格式和内容

求职信一般由标题、称呼、开头、正文、结尾、致敬语、落款等部分组成。

1. 标题

写在正文正中上方，可直接写"求职信"或"自荐信"，也可在之前加说明中心意思的定语。

2. 称呼

称呼即对接受并阅读信件的人的称呼。一般来说，阅信人应该是用人单位中直接负责人事任免的人，要注意阅信人的姓名和职务，书写要准确。如对姓名不熟悉，可以直接称呼阅信人的职务头衔。

3. 开头

主要说明写信缘由，表达求职愿望。要用能够引发对方阅读兴趣和注意力的开头语，切忌偏离正题。

4. 正文

正文为求职信的重点，要简洁而有针对性。应包括以下主要内容：

（1）求职目标。撰写求职信的最终目的是要实现求职者所要追求的目标，这个目标必须明确具体，不能含糊其辞、模棱两可。写出明确的求职目标就是要讲明求职者希望到什么岗位就职、想做什么工作。最好在明确目标之前，对想要进入的单位、想做的工作有尽可能多的了解。只有这样，才能使自己的求职信有的放矢，提高“命中率”。

（2）求职理由。在明确求职目标的前提下，在求职信中充分地阐明自己确定这一目标的理由。理由是否充分、合情合理，是决定能否被录用的关键。要从符合自己的专业、特长和未来发展愿望，同时也符合用人单位的需求两方面来阐述理由，使人感到实事求是、中肯可信。

（3）应聘条件。自身的应聘条件是求职信中最重要的部分，必须特别重视这一内容的撰写。要参照用人单位的招聘条件，突出自己的主要成绩、专业优势、技术特长、年龄优势，还可以介绍自己的有关爱好、业余兴趣和创造性、毅力等品质。如果了解用人单位的情况，还可简略谈谈如被录用开展工作的设想，以引起用人单位的重视。

5. 结尾

主要是进一步表示求职的愿望，表示希望得到答复或前往面试等。

6. 致敬语和落款

一般在正文结束后，在下一行空两格的位置写上“此致”二字，再在下一行顶格书写“敬礼”二字即可。在致敬语右下方签署求职者的姓名及具体日期，注意签名字迹要工整，切不可用花哨签名炫耀自己的技法。

（二）求职信的撰写要求

一份写得较好的求职信，能够使自己的实力得到充分展现，使招聘工作人员在阅读你的求职信时感到眼前一亮，从而在众多求职者中受到特别注意并有可能因此获得面试的机会，迈出成功求职的第一步。撰写求职信时要注意以下几点。

1. 实事求是，扬长避短。诚实，是各个用人单位、各位考官都重视的一项基本品质。在求职信中应对自己的优点进行充分展示，但不要说大话、假话，不能让人感到是在自我吹嘘。

2. 文字简练，重点突出。篇幅过长的求职信容易让人厌烦，而篇幅过短的求职信则会让人感到求职者心意不诚。专家指出，求职信要言简意赅，重点突出，篇幅以

800 字左右为宜。介绍自己的知识、技术、能力、特长、个性等一定要有所取舍，不可冗长繁杂，使人不得要领。

3. 针对性强，一信一投。求职信应针对某个用人单位的具体招聘岗位而撰写，不宜采取“一对多”的泛泛模式。信的内容紧密联系该用人单位及其招聘岗位的情况，会让对方产生亲切感。有的求职者为了省事，打印一份开头空白的求职信，然后复印多份，再填写上开头，一看就知道是“天女散花”“一稿多投”，缺乏求职的诚意，很难引起招聘者的兴趣。

4. 文字流畅，卷面整洁。用人单位阅读求职信，可以说是对求职者的第一次“考核”，可能成为招聘初期筛选的主要依据。因此，撰写求职信应当做到语言通顺、文字流畅、段落分明、卷面整洁。若能写一手好字，应亲笔书写求职信，以展示自己的文化素质。如打印求职信，应采用一些排版技巧，以便展示自己在计算机应用方面的技能。

求职信例文

尊敬的××公司领导：

您好！

我叫王×，是北京市××××职业学校的学生，2009 年 7 月毕业并获得“图文与彩色印刷”专业中级职业资格证书。

两年的职校学习生涯，为我投身社会奠定了良好的基础。我希望能够通过此次招聘，在贵公司得到一份比较理想的工作。我将努力以自己的知识、能力和汗水，为社会作出一份贡献。

我认为自己具有较好的综合素质和较强的工作能力。

第一，在校两年认真扎实的学习，保证了我坚实的基础知识储备。尽管专业学习与实际工作之间还有一段很长的距离，但我对自己的实际工作能力充满了信心。

第二，我具备较强的专业技能。职业学校的学习，不仅使我在专业知识方面打下了良好的基础，而且通过实训、实习的锻炼，熟练地掌握了专业操作技能，可以在生产岗位上独立动手操作。

第三，在职业学校担任两年本班班长职务的实践，培养和锻炼了我的组织和协调能力，树立了集体责任感和团队精神。这为我适应职业岗位要求将有很大帮助。

第四，我具备较好的计算机知识和应用能力。在中学期间，我曾获得过市青少年计算机竞赛二等奖，还获得过全国青少年信息学（计算机）奥林匹克初级选手证书。通过在职业学校两年的学习，我已能够熟练地使用办公软件，如 Word、Excel 等。今年，我还将参加计算机二级考试。

以上学习经历和取得的成绩，使我对步入社会充满希望，对未来的工作岗位满怀信心。这些，希望能成为您选择我的参考依据。当然，我还欠缺实际工作经验和历练，各方面也还不够成熟。但我坚信，通过在工作岗位上继续努力，坚持不懈奋发向上，我一定能够取得更大进步。

尊敬的领导，我十分渴望进入贵公司工作，如果您对我的自荐材料感到满意，希望给予我一次面试的机会。我将为成为贵公司一名员工而骄傲！期盼得到您的答复。

此致

敬礼

自荐人：王×

2009 年 8 月 1 日

三、网上求职材料的撰写

利用因特网发布求职或招聘信息在发达国家已经较为普及了，在国内也发展得相当迅速，但是部分求职者还不是很习惯利用网络渠道求职择业。其实，求职者如果能充分利用网络资源，求职择业就会变得非常便捷。

（一）网上求职的优点

1．信息获取直接、快捷

从某种意义上说，人们在人才市场上求职择业，与其说是在找工作，不如说是在找信息。有了适合自己的信息，应聘也就成功了一半。关键是要在第一时间获取信息，而从网络获取信息无疑具有直接、快捷的优势。

目前，许多大公司都建有自己的网站，求职者可以直接访问该公司网站，了解该公司的基本情况和招聘信息。另外，现在国内也有不少专门的人才网站，由于是专业网站，信息量大、更新速度快，通过浏览人才网站还可以为求职者省去找工作的许多舟车劳顿之苦。这些网站相当于一个个非常大的人才市场，在这些无形的人才市场里，求职者可以尽情搜集各种信息。当然，也应注意选择那些信誉好的网站，以保证信息的可靠性。

2. 成本低廉

计算机的普及使网络服务不断深入，利用网络进行求职招聘，现在已经为大多数人所了解和接受。与传统的人才集中求职招聘的方法相比，网络求职招聘还具有成本低廉的优势。同时，与以前的情况不同，现在的网上人才服务已经不再仅仅面向一些大公司和“白领”阶层。打开人才网，司机、前台接待员等普通工种、岗位的招聘信息也应有尽有。

3. 提高就业几率

求职者还可以制作自己的个人主页，利用网络将自己的求职材料发送给各用人单位和专业网站，其发送的范围远比传统的方式广泛，可以增加就业的机会。尤其是把个人的求职材料放在人才网站的数据库中，用人单位可以随时浏览这些网站的人才信息或请这些网站为他们推荐人选，更可以大大提高求职者被聘用的几率。但是这样做也有不利的地方，即求职者的个人信息已经完全公开，任何人都可查阅，求职者应提高防范意识。

（二）撰写网上求职材料的注意事项

1. 网上发送求职材料要注明申请的工种或岗位。在发送求职简历的时候，不要只笼统地写应聘某一类的工作，应该写明申请应聘的工种或岗位，便于对方具体考虑。这样可以使自己的求职目标更加明确，

2. 格式要简明。用电子邮件发出的求职材料在格式上应简洁明了、便于查看，因为用人单位通常只注意其最感兴趣的部分。另外一个办法，就是把自己制作的简历放到网上，再把网址提供给所应聘的单位。

3. 不要省略求职信。为了增加用人单位对自己的印象和好感度，在发送求职简

历的时候，应该同时发出一封求职信。求职信中应该有足够的内容“推销”自己，但要控制信的长度，不要让阅读者在浏览求职简历和求职信时把屏幕翻好几遍。

4. 写好关键词。求职材料中的关键词也很重要，有些用人单位会通过搜索关键词来寻找符合他们条件的人选。另外，可以在电子邮件里创建并保存一个求职简历和求职信样式，稍加修改就可以用它来申请其他职位了。

5. 使用文本格式（. txt）撰写求职简历及求职信。这样虽然会限制一些文本修饰功能，但能够方便他人阅读。

还可以用一些符号来突出重点，如“·”“△”“※”等。注意措辞和语言，千万不可有错别字。

最后应注意的是，在网上发出求职材料后要加以跟踪。一般来讲，在求职材料发出 2 ~ 3 周询问结果比较合适，时间不宜过短。

1. 结合本讲内容想一想，撰写求职简历和求职信的最基本的要求是什么？

2. 自己撰写一份求职简历和求职信，请老师看一下，有哪些方面还需要改进？

第十讲　掌握面试技巧

面试是通过当面交谈对应聘者进行考核评价的一种方式。这是决定求职能否成功的很关键一步。求职者应了解和掌握面试的要领与技巧，充分做好相关的各项准备，调整好心理状态，从容展现自己的素质和优势。

应征女兵的面试

2009 年，我国首次面向社会各界征集女兵，并设置了公开面试的考评环节，引起人们的关注。

进入 11 月底，应征女兵面试在各地先后展开。人们了解到，女兵面试的内容包括三个方面：形象气质、语言表达和才艺展示。形象气质主要是对体格外貌、穿着举止、礼节风度、精神状态等的评判；语言表达主要是通过现场回答问题，考核逻辑思维、表达交流和随机反应的能力；才艺展示可以自选歌唱、舞蹈、乐器等项目，但不是看谁的专业水平更高，而是看是否具有作为一名军人的良好心理素质。

从面试现场人们看到，对于才艺展示青年们大都有备而来，应对较为从容。而现场应答则是随机抽取，对面试者即时发挥的能力是一次检验。下面是其中的几个问题：

"成为一名合格的军人，应该具备哪些条件?"

"如果批准你入伍，你军旅生涯的理想和追求是什么?"

"'奉献是天平，它能公正地度量军人的价值'，结合这句话谈谈你对军人职业的理解。"

面试的成绩由考评组集体决定。考评组成员对三项内容分别打分，然后综合出每个人的最后得分，体现出公开、公平的原则。

点评

不论是想把军人作为职业，还是想到部队经受锻炼，应征入伍都是青年们很好的选择。应征女兵的面试内容对于一般求职者也有重要的启示意义。这些内容都是针对硬性指标无法考核的侧面设置的，面试者需要平时基本素质的积累，也需要掌握一定的面试技巧。应征女兵面试再一次印证了面试考核的本质要求。

一、了解面试的内容和特点

（一）面试的形式和主要内容

面试的形式多种多样，不同性质的用人单位面试的形式有别，面试的风格亦有差异。但总体而言，大致可以分为单个面试和群体面试两种。前者是考评者面对一个求职者，后者是考评者面对众多求职者。

有些单位将面试分为初试和复试。初试一般是人事部门的人员对求职者进行面试，目的是对应聘者进行初步了解和筛选；复试大多是单位相关领导担任考官，对初试胜出者再次进行考核。有些单位则只进行一次面试。

面试无论采取何种形式和程序，求职者面对的问题大体范围都是一样的。面试考评的主要内容包括：

1．外在形象与举止——对应聘者仪表着装、言谈举止、文明礼貌等的考评。

2．气质与心态——对求职者个性特征、品格修养、精神面貌等的考评。

3．成熟表现——对求职者思辨能力、信念、友善、亲和、自信等方面的考评。

4．沟通能力——对应聘者语言逻辑性、表达见解能力、交流技巧等的考评。

5．潜在能力与上进心——对应聘者知识积累、创造力、主动性、成就倾向等的考评。

6．任职资格——对应聘者对于应聘单位的认识、对于职业的理解、专长能力等的考评。

面试结束后，用人单位会围绕以下问题最终形成对应聘者的总体评价。

1．应聘者适合到本单位工作吗？

2．应聘者是否能够胜任其申请的职位？

3．应聘者是否具备较好的发展潜质？

（二）面试的特点

面试是在特定环境下，采用特定方式对应聘者进行考评的一种方式。同我们熟悉的笔试相比，面试有诸多需要应聘者注意的特点。

1．外在形象进入考评者视野

同笔试“背对背”的方式不同，面试是“面对面”的考评。首先映入考评者眼帘的是应聘者的外在形象。仪表、着装、表情以及问候、交谈、告别等举止，都会给考评者留下“第一印象”。

2．面试更注重对应聘者综合素质的考评

笔试主要是对应试者的知识、智力和文字能力的检验。而面试，整个考评活动是围绕着应聘者能否满足用人单位的任职要求而展开。既包括对应聘者专业知识和业务能力的考评，也包括对应聘者的形象气质、语言能力、应变能力、发展潜力等的观察与考评。可见，面试是着眼点更多元化、更注重基本素质的考评。

3．面试是更具有灵活性的考评方式

面试没有固定的模式，从内容到形式都有较大的灵活性。比如考评者可能按照事先拟定的具体题目进行提问，考察应聘者的知识水平、理解和判断能力等；也可能采用自由交谈的方式，让应聘者在“聊天”的气氛中从容抒发己见，从中考察其交流能力、知识掌握程度和思维敏捷程度等。

4．行为细节是影响评价的重要因素

在面试现场，应聘者的行为细节一览无余地显现在考评者面前。如对接待人员是否尊重，对其他应聘者是否友善，言谈举止是否得体等，都会给考评者留下或好或差的印象，甚至对最终评价结果产生影响。有经验的人士提醒应聘者，切莫把行为细节看做是无足轻重的小事，要知道，考评者正是把这些细节作为观察应聘者个人修养的“窗口”。

二、做好面试前的必要准备

面试的准备主要在平时。知识的积累，能力和修养的提高，都不是一朝一夕之功。但在面试前，仍有一些必要的准备工作需要做好。

（一）形象准备

正是因为人们可以从一个人的外在形象中读出其内心世界，鉴别出其品位，因此，在面试前要对展示自己良好的外在形象做好准备。

外在形象的展示要注意两个方面。

一是仪表和着装。要给人以郑重、整洁、富有朝气和尊重他人的感觉。男同学头发要梳理整齐，不要留怪异的发式，刮干净胡须，身着西装、衬衫等较为正式的服装。女同学更要注意仪表庄重、大气，不要浓妆艳抹，不要佩戴过多饰物，着装不要过于暴露。

二是行为举止。应聘者站立、入座、行走，都要保持正确的姿势，符合礼仪规范；问候、询问、道别要注意用语礼貌，合乎礼节要求；回答问题时表情要自然大方，体现出谦虚、诚实的态度。

“泰山不让土壤，故能成其大；河海不择细流，故能就其深。”在应聘面试的时候，实力固然重要，仪表、着装、行为举止方面的细节同样不可轻视。一个无礼的行为，一个轻率的举动，就有可能使你长久的追求付之东流，这样的例子不胜枚举。

“抢先一步”的代价

小杨在培训学校是成绩不错的学生，平时自我感觉良好。第一次参加招聘面试，觉得应聘的工作同自己所学专业对口，胜出应该无大问题。当他走进面试考场的候试室，面试已经快要开始了。候试室的长椅上坐了一溜人，一名女生正向一个空位走去。小杨三步并作两步，抢先坐了下去，女生无奈转身退到后边等待。身为独生子女，小杨平时放任惯了，从来不拘小节，很少顾及他人感受。坐在那儿，他心安理得地抖动着“二郎腿”，思忖着如何介绍自己。进场后小杨的答问果然十分顺利，他对自己的表现暗自欣喜。然而，进场前的一幕没有逃过考官们的眼睛，他们隔着大玻璃看得一清二楚。正是这一幕，断送了小杨一次良好的应聘机会。

有人说，面试能不能成功，也许在求职者踏入考场的最初一刻就被决定了。而小杨，在没有进入考场前就已经失败了。

（二）应答准备

主要应围绕与当次应聘有关的问题进行准备，如应聘者自身情况、岗位选择的动机、职业发展计划等。因为这是考评者除专业知识和技能外，需要重点了解的方面。准备的着重点是：

1. 恰当介绍自我

“请做一下自我介绍”，往往是面试的切入点。“你为什么应聘这个岗位?”“你认为自己有哪些优势和不足?”“你长期的职业目标是什么?”这些也是面试中经常提出的问题。对回答这类问题要做好充分准备，理清应答的思路，明确其中的关键点。核心是说明你的条件符合招聘岗位的要求，你有能力胜任这份工作。为使应答更有把握，你可以请同学和朋友帮忙，做一下现场模拟演练。

2. 掌握用人单位情况

考评者提出的问题还经常与招聘单位有关。如“你对我们公司有哪些了解?”“你为什么想进入我们单位工作?”等等。因此，面试前对用人单位的性质、特色、主要产品、业内地位等要有一定了解，通过媒体、网站、招聘资料等尽可能多收集一些信息。掌握的情况越多，面试回答相关问题时就越主动。

面试时考评者经常提出的问题

1. 请介绍一下你自己吧。
2. 你是怎么知道我们公司的?
3. 你有什么爱好?
4. 你有什么特长?
5. 你认为自己有哪些优点?

6. 你最大的不足是什么？

7. 说说你做得最成功的事。

8. 说说你做得最失败的事。

9. 你的学业成绩怎么样？

10. 说说你们学校。

11. 你对我们公司有哪些了解？

12. 你为什么选择这个岗位？

13. 你对这个职业（工种）发展前景有何看法？

14. 你的职业生涯规划的长期目标是什么？

15. 你对今后3~5年的成长进步有何规划？

（三）心理准备

面试前，要调整好自己的心态，消除畏惧心理，增强顺利胜出的信心。坚持自尊、自信十分重要。人无完人，金无足赤，尺有所短，寸有所长。每个人都会有别人不具备而在自己身上闪光的“亮点”，要对自己有一个客观的、恰如其分的评价。同时，也不要害怕挫折，要把择业作为一个过程，即使丧失一次机会，也能为下一次成功积累经验。只有做好这样的心理准备，才能放下思想包袱，从容展现自己最佳的一面。

（四）资料准备

有些资料面试时可能需要，事先应准备好。

1. 自荐材料的副本。面试时考评者可能会就自荐资料中的情况提出问题，所以应带上一份备用。

2. 招聘单位的资料。包括招聘广告、报刊或网站下载的资料等。面试时，可能需要翻阅这些资料，所以应随身携带一份。

3. 各种证件，如毕业证、身份证、职业资格证书、荣誉证书等。这些资料要分类整理，做好标志，装入文件袋。

三、在面试过程中从容展现自己

现在，你坐在考评者面前。像运动员站在起跑线上，你要摒除一切杂念，出色地发挥出自己的水平，从容展现自己的实力。

无论考评者温和亲切还是郑重严肃，你务必要把握住以下要领。

（一）坦诚介绍自己

要求应聘者进行自我介绍，是面试的一个普遍程序。考评者不仅可以通过应聘者的自我介绍了解招聘单位关心的具体情况，还可以从中看出应聘者自我评价的态度和尺度。因此，在做自我介绍时，一定要坦诚和客观。你可以坦然地介绍自己的优点和长处，也可以实事求是地说明自己的缺点和不足。切勿试图隐瞒什么，以谎话遮掩事实；也不要刻意拔高自己，以虚夸代替恰当的评价。坦荡和诚实，永远是做人的首要品质，也是用人单位最看重的。这一点，应聘者应牢记在心。

（二）镇定回答问题

面试的问题通常较为灵活且具有挑战性。考评者提出的问题，有的可能需要你经过判断和分析才能回答，有的需要综合运用所学的知识进行阐述，有的则需要发挥想象力和创造性。无论遇到哪种情况，你都无须紧张。因为这些问题无论形式上怎样变化，都是围绕着检验你的知识和能力而设置的。它们不仅不应成为你正常发挥的障碍，反而给你提供了展示自己的机会。这时，你首先需要的是保持镇定，然后迅速理清思路，有条不紊地作出回答。在面试过程中，任何慌乱都会使你的发挥大打折扣。

（三）注意语言运用

面试是对语言表达能力最直接的检验。在与考评者交谈和回答问题时，你应努力做到：叙述简洁，切忌长篇大论、滔滔不绝；表意明确，切忌模棱两可、含糊其辞；逻辑严谨，切忌层次不清、前后矛盾。这样，你的阐述才能具有充分的吸引力和说服力，给考评者留下良好、深刻的印象。

1．想一想，为什么用人单位通常都要设置面试这一环节？

2．如果现在让你参加招聘单位的面试，你应从哪些方面做好准备？

3．设计一个面试时的自我介绍，时间掌握在3分钟以内。

4．同几个同学一起，做一次面试的模拟演练。由一位同学模拟考官进行提问，其他同学作为应聘者回答问题。然后相互进行评价，指出应答问题中暴露出的不足。

结束语 祝你成功

即将结束本书的内容，再给大家讲述一个普通劳动者的故事，一个走进千百万中国人心灵的传奇。

你看过获得过“华表奖”的电影《香巴拉信使》吗？这部影片就是根据这位普通劳动者的故事拍摄的。

他的名字叫王顺友，苗族，四川省凉山彝族自治州木里藏族自治县邮政局的投递员。从1985年参加工作后，二十多年来，他就担任着从县里到几个边远山村的投递工作。这条邮路山高坡陡，道路崎岖，往返路程360公里。王顺友每月投递两班，一个班期14天，一年中有300多天奔波在邮路上。他过滩涉水，越岭翻山，饿了，以糌粑充饥；渴了，以山泉止渴。路远难行，他经常在山野里露营，把丛林岩洞作为驿站。旅途孤独，他只能对着山峦倾诉，用歌声排遣寂寞。一个人、一匹马、一条路，日复一日，年复一年，王顺友用一个人的长征传邮万里，用质朴和执著坚守着他的职业责任。他把一封封信件、一张张报纸、一本本杂志送到每一位用户手中，把外面世界的信息传递到雪域高原的村村寨寨。二十多年，他步行26万公里，相当于重走红军长征路21回，相当于环绕地球6圈半。二十多年，他没有邮失过一份邮件，没有延误过一个班期，创造了世界邮政史上的传奇。

王顺友荣获全国五一劳动奖章，获得全国劳动模范光荣称号。2005年，被评选为“感动中国年度人物”。

这是一个普通劳动者创造传奇的故事。人们从这个故事中不仅看到了一位楷模的形象，也看到了千千万万普通劳动者的身影。

王顺友的颁奖词中有两句发人深省的话：“路的尽头还有路，山的那边还有山”。是的，不只是王顺友的邮路，人生的道路何尝不是如此呢！当你走进职业生活，你前面的道路或许比王顺友的邮路还要漫长，你将逾越的障碍或许比王顺友的邮路还要困难。但是，只要你以王顺友那样的品格和操守对待职业，只要你以王顺友那样的坚韧和执著奋力前行，你终究会攀上事业的高峰。

在第五讲的“思考与体验”中“课堂互动”的练习里面，我们请大家选用一张白纸书写。不知道当时你是否想过，为什么要选用白纸？这里其实有着一层寓意，即在职业的道路上，年轻人的未来好比一张洁白无瑕的白纸。在这张纸上，你可以写出最新最好的文字，画出最新最美的图画，一个美好的未来等待你去描绘。现在，这条未来之路已经展现在你的面前，你满怀着憧憬准备开始你的长征。你现在需要的，是像王顺友那样迈出坚实的步伐，朝着你的目标执著前行，不论有多少艰难险阻都不放弃；你现在需要的，是像郃丽华那样扬起自强不息的风帆，不论遭遇怎样的挫折都做一个强者，驾驶着自己的命运之舟勇往直前。伴随着你的成长，你的人生图景会越来越精彩纷呈；伴随着你的奋斗，你会筑起一座美轮美奂的事业大厦。

最后提醒你，在前进的道路上，不仅有王顺友、郃丽华、李斌、高凤林、文花枝、袁隆平……这些楷模为你领航，也有不和谐的声音干扰你的方向。在这个加速向现代社会转型的时代，虚伪与真诚、丑恶与良善进行着激烈的较量，一些精神垃圾肆无忌惮地挑战人们的良知。我们要时刻保持清醒的头脑，不要让喧嚣扰乱脚步，不要让浮躁夺走平实，不要让陋行侵蚀勤劳。踏踏实实做事，矢志不渝奋斗，纵使人生风风雨雨，你会迎来雨后绚丽的彩虹。

张开你理想的翅膀，迈开坚实的步伐吧！你的人生目标一定会实现。祝你成功！